Inhaltsverzeichnis

Lösungen
Handlungsmaterialien

Genau hinschauen (1)

1 Immer zwei Käfer sind gleich.

2 Professor Flattermann sucht diese Schmetterlinge.
Finde sie und kreise sie ein.

Genug?

1 Verbinde. Kreise ein, was übrig bleibt.

a)

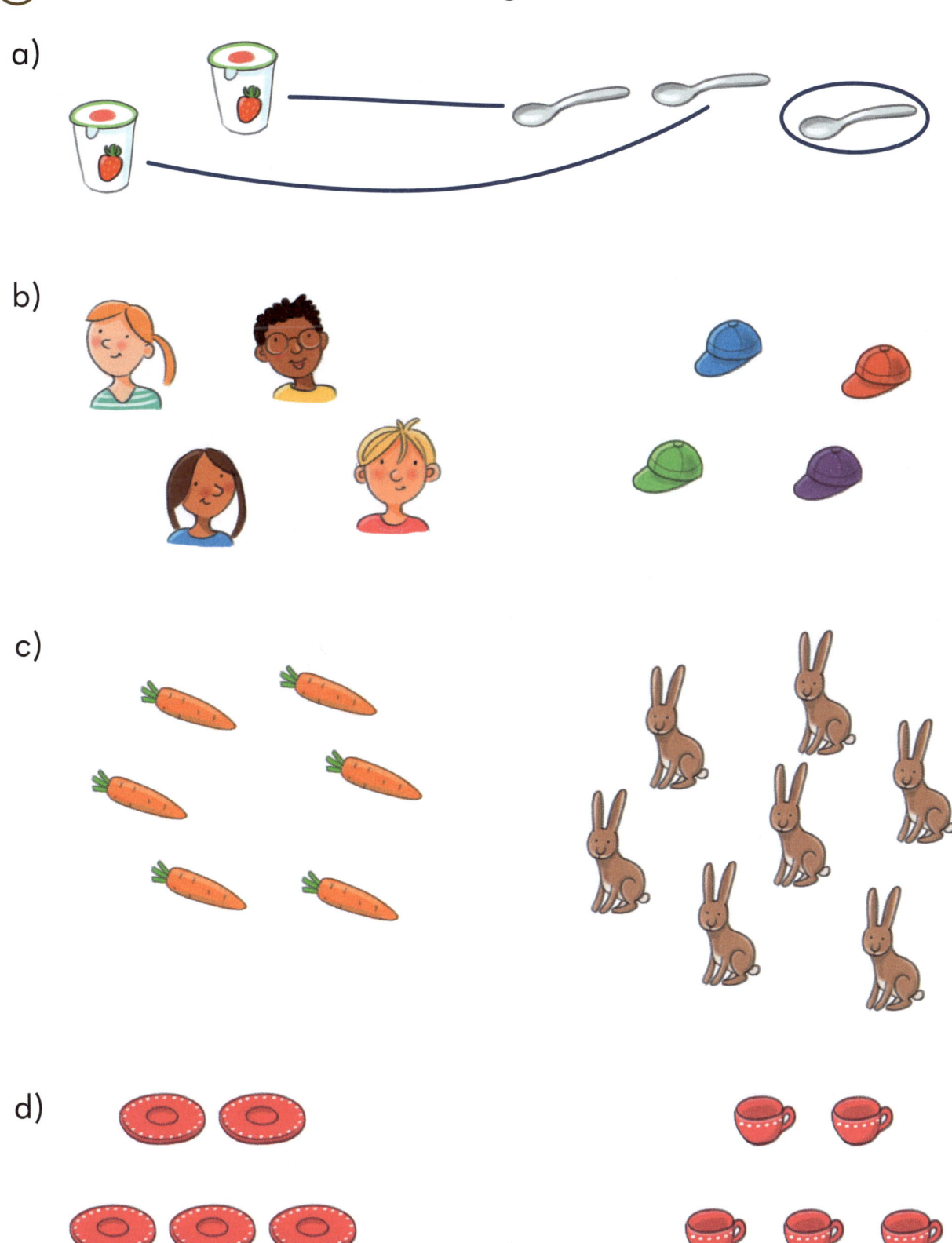

b)

c)

d)

Ziffern schreiben

1 Schreibe.

Ziffernschreib-kurs

Anzahlen erfassen

🐴	II	2
🌼		
🦔		
🐑		
🐞		

🐰		
🦋		
🐭		
🐦		
🦢		

Vorwärts zählen

1

2

Video

Rückwärts zählen

①

② 10, __9__, __8__, ___, ___, ___, ___, ___, ___, ___, ___

③

__5__, ___, ___, ___, ___, ___

④ Im Theater

1 0	9	8	7	6	5	4	3	2	1	0
1 0										

Video

Weiterzählen

0	1	2	3	4	5	6	7	8	9	10

8

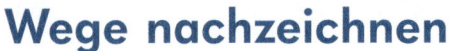

Wege nachzeichnen

Wer fährt wo? Zeichne die Fahrwege ein.
(Polizei: ●, Krankenwagen: ●, Abschleppwagen: ●)

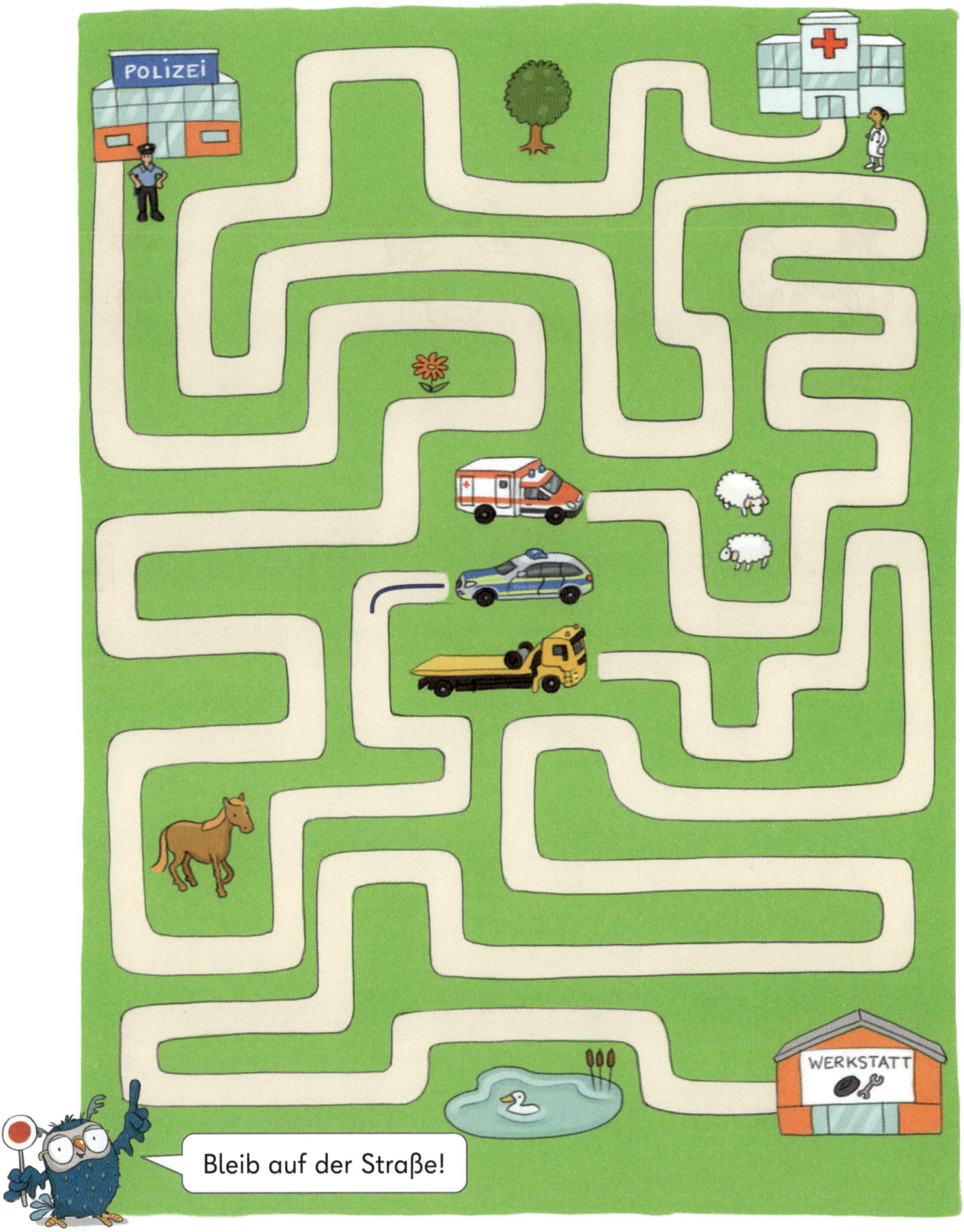
POLIZEI
WERKSTATT
Bleib auf der Straße!

Auf einen Blick

<u>4</u> _____ _____

_____ _____ _____

_____ _____ _____ _____

  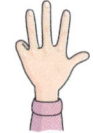 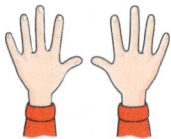

_____ _____ _____ _____

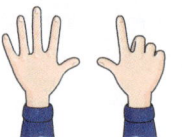 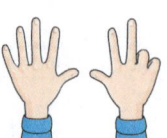 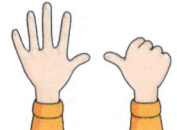 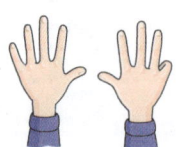

_____ _____ _____ _____

Video

4

$$\underline{\ \ 5\ \ }$$ $\underline{\hspace{1.5cm}}$ $\underline{\hspace{1.5cm}}$

$\underline{\hspace{1.5cm}}$ $\underline{\hspace{1.5cm}}$ $\underline{\hspace{1.5cm}}$

$\underline{\hspace{1.5cm}}$ $\underline{\hspace{1.5cm}}$ $\underline{\hspace{1.5cm}}$

$\underline{\hspace{1.5cm}}$ $\underline{\hspace{1.5cm}}$ $\underline{\hspace{1.5cm}}$

$\underline{\hspace{1.5cm}}$ $\underline{\hspace{1.5cm}}$ $\underline{\hspace{1.5cm}}$

 5 Kleine Knobelei

Immer 5, immer anders: Male.

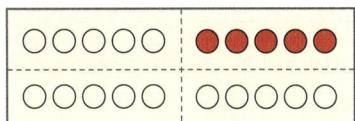

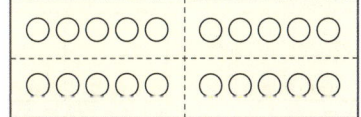

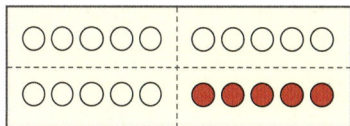
Hier sind auch 5!

11

Das Ganze – mehrere Teile

1 Welche Teile ergeben genau diese Stange? Kreise ein.

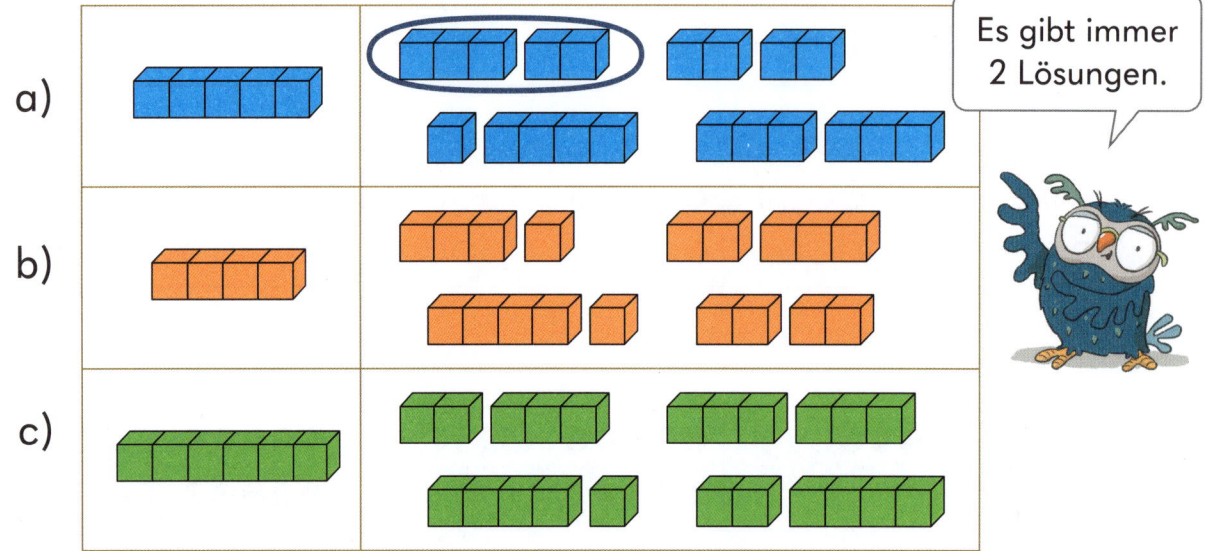

Es gibt immer 2 Lösungen.

2 Kreise die passenden Steine ein.

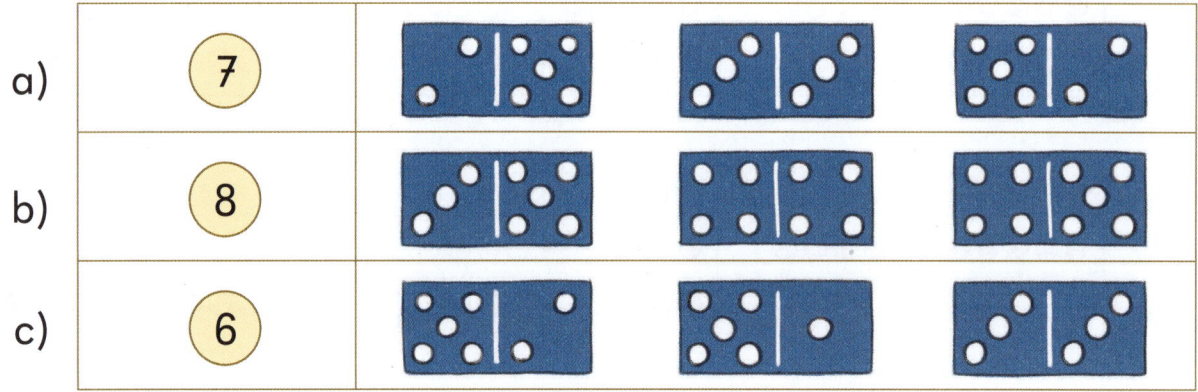

3 Kreise die passenden Schachteln ein.

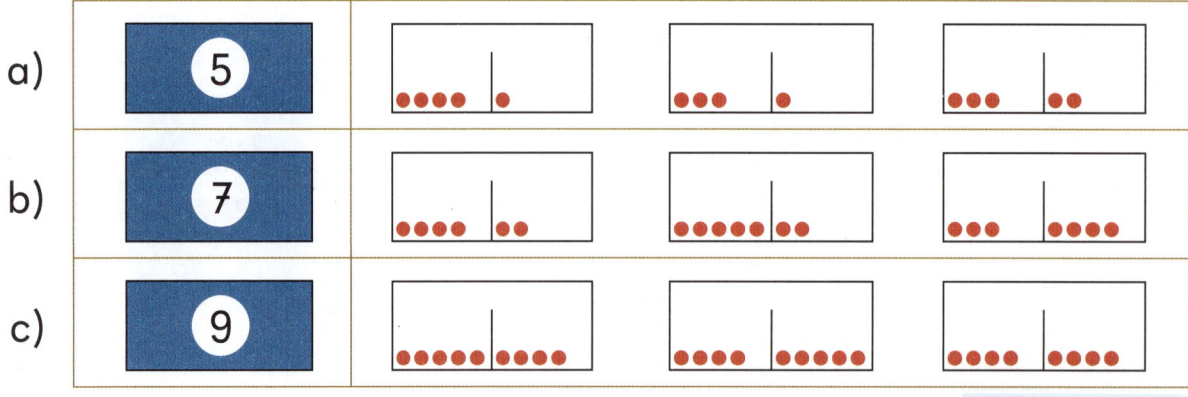

Schüttel-box

4 Wie viele fehlen? Zeichne und schreibe auf.

a) **4**

$\underline{3} + 1$ 2 + __   4 + __

b) **5**

1 + __   __ + 2   3 + __

c) **6**

__ + __   __ + __   __ + __

d) **7**

__ + __   __ + __   __ + __

e) **8**

__ + __   __ + __   __ + __

f) **9**

__ + __   __ + __   __ + __

g) **10**

__ + __   __ + __   __ + __

 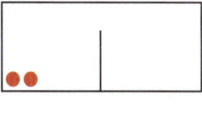

Nachbarzahlen

Welche Zahl kommt ...
... nach ...
... vor ... ?

1 Suche die Nachbarn.

5	6
1	
6	
3	

8	
4	
7	
9	

1	2
	3
	10
	6

	9
	7
	5
	1

2 Ergänze.

3	4	5
	1	
	5	
	2	

	3	
	6	
	8	
	9	

1		3
8		10
2		4
5		7

7		9
6		8
3		5
0		2

3 Ergänze.

	7	
4		
8		
		9
		3

0		
	4	
		7
3		
	1	

Video

Größer – kleiner – gleich

1 Vergleiche die Türme: < = >

> < „ist kleiner als"
> = „ist gleich"
> > „ist größer als"

5 < __   __ ◯ __   __ ◯ __

      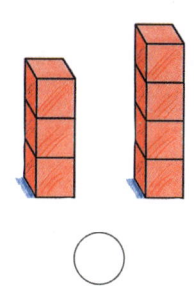   

__ ◯ __   __ ◯ __   __ ◯ __

2 Vergleiche: < = >

3 ◯ 2   8 ◯ 6   5 ◯ 9

3 ◯ 3   7 ◯ 5   10 ◯ 8

3 ◯ 4   3 ◯ 8   2 ◯ 2

3 Kleine Knobelei

a) 1 < 2 ◯ 3   7 ◯ 8 ◯ 9 ◯ 10

b) 10 ◯ 9 ◯ 8   6 ◯ 5 ◯ 4 ◯ 3

Zahlen zerlegen (1)

1

a) Immer 5

```
●●●●● ○○○○○
○○○○○ ○○○○○
```
5 → 5 + 0

```
●●●○○ ○○○○○
○○○○○ ○○○○○
```
3 + ☐

```
●●●●○ ○○○○○
○○○○○ ○○○○○
```
☐ + ☐

```
●●○○○ ○○○○○
○○○○○ ○○○○○
```
☐ + ☐

```
●○○○○ ○○○○○
○○○○○ ○○○○○
```
☐ + ☐

```
○○○○○ ○○○○○
○○○○○ ○○○○○
```
0 + ☐

b) Immer 6

```
●●●●● ●○○○○
○○○○○ ○○○○○
```
6 → 5 + 1

```
●●●●● ●○○○○
○○○○○ ○○○○○
```
☐ + ☐

```
●●●○○ ○○○○○
○○○○○ ○○○○○
```
☐ + ☐

```
●●●●○ ○○○○○
○○○○○ ○○○○○
```
☐ + ☐

```
●○○○○ ○○○○○
○○○○○ ○○○○○
```
☐ + ☐

```
○○○○○ ○○○○○
○○○○○ ○○○○○
```
0 + ☐

```
●●○○○ ○○○○○
○○○○○ ○○○○○
```
☐ + ☐

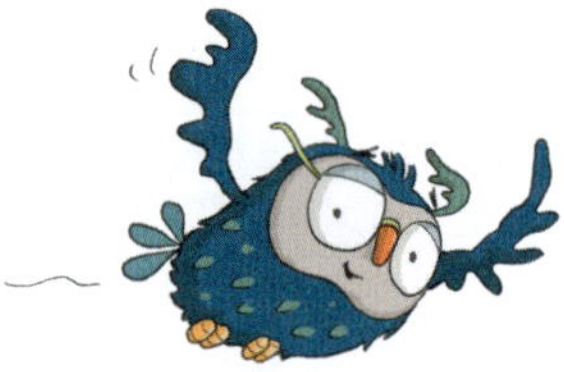

2 Ergänze.

a)

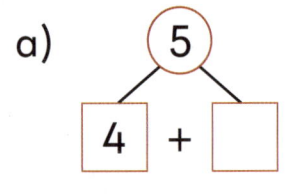

5: 4 + ☐   5: 2 + ☐   5: 0 + ☐   5: 3 + ☐

b)
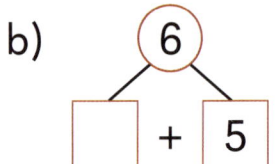

6: ☐ + 5   6: ☐ + 3   6: 6 + ☐   6: 2 + ☐

③

a) Immer 7

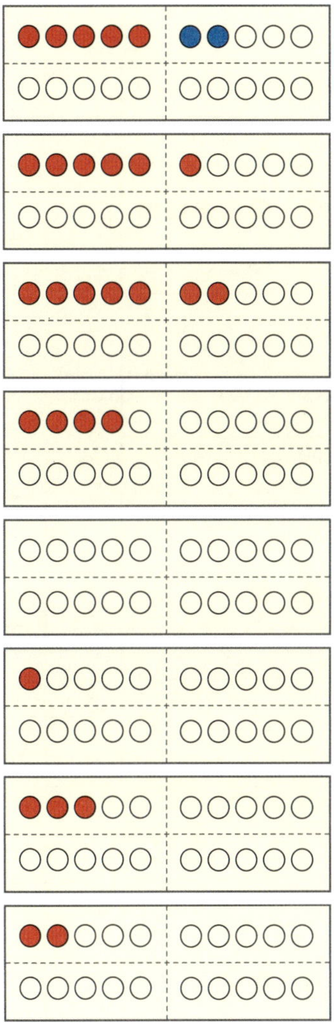

$$7$$
$$5 + 2$$

$$\square + \square$$

$$\square + \square$$

$$\square + \square$$

$$0 + \square$$

$$\square + \square$$

$$\square + \square$$

$$\square + \square$$

b) Immer 8

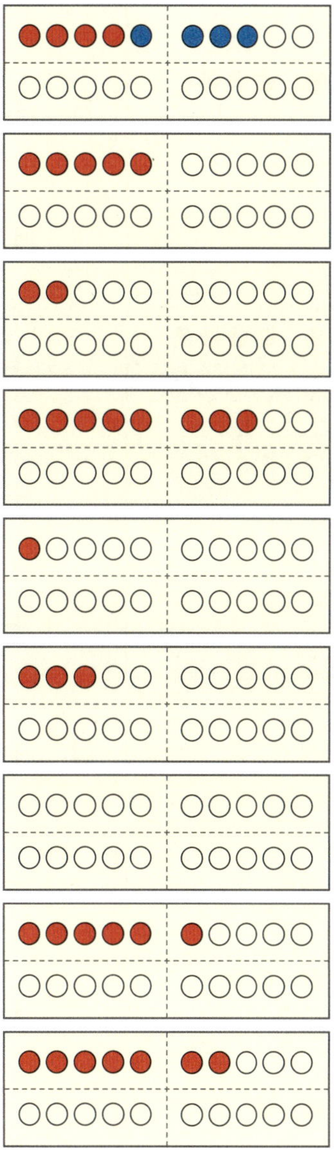

$$8$$
$$4 + 4$$

$$\square + \square$$

$$\square + \square$$

$$\square + \square$$

$$\square + \square$$

$$\square + \square$$

$$0 + \square$$

$$\square + \square$$

$$\square + \square$$

 ④ Kleine Knobelei

Welche Zahlen wurden hier zerlegt? Schreibe auf.

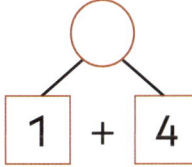 $$1 + 4$$ 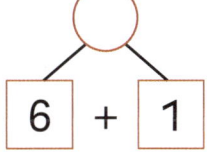 $$6 + 1$$ 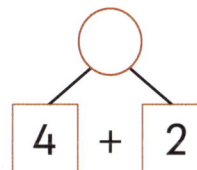 $$4 + 2$$ 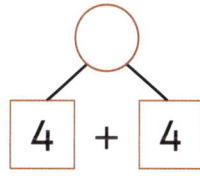 $$4 + 4$$

Zahlen zerlegen (2)

1 Immer 9

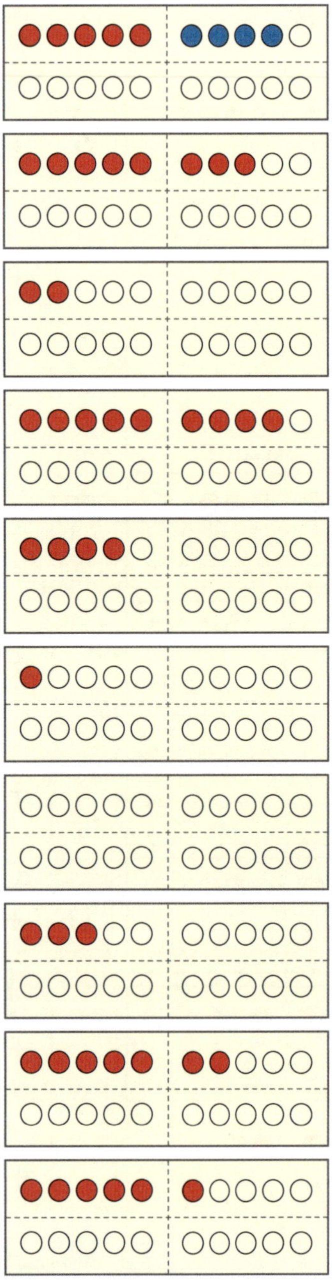

9

5 + 4

8 + ☐

☐ + ☐

☐ + ☐

☐ + ☐

☐ + ☐

0 + ☐

☐ + ☐

☐ + ☐

☐ + ☐

2 Immer 10

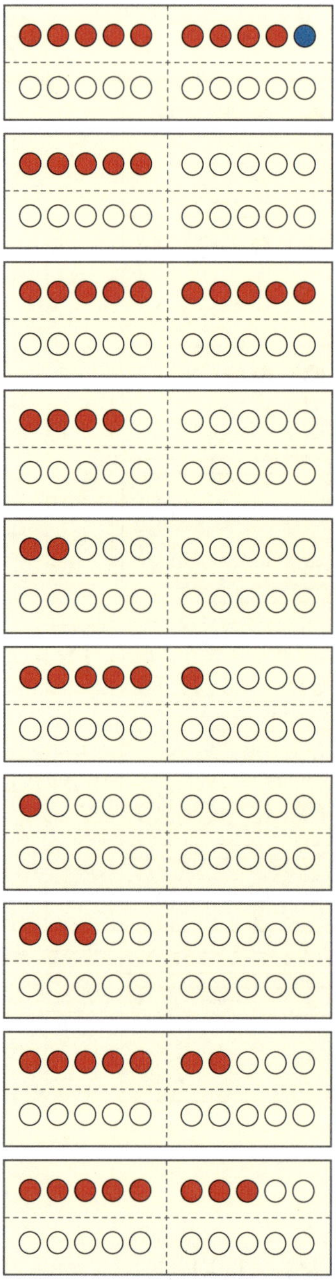

10

9 + 1

☐ + ☐

☐ + ☐

☐ + ☐

☐ + ☐

☐ + ☐

☐ + ☐

☐ + ☐

☐ + ☐

☐ + ☐

3 Ergänze.

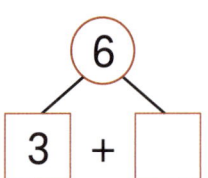

6

3 + ☐

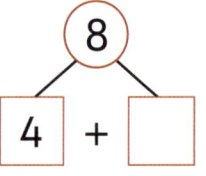

8

4 + ☐

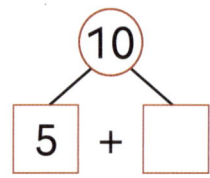

10

5 + ☐

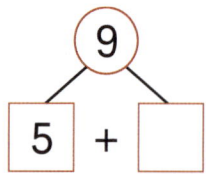

9

5 + ☐

18

4 Immer 10 – schön geordnet.
Ergänze, was fehlt.

Siehst du das Muster?

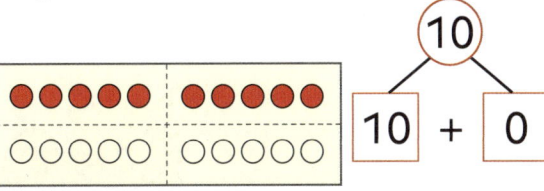 $10 + 0$

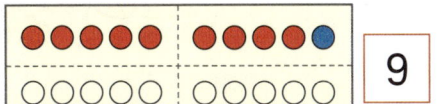 $9 + 1$

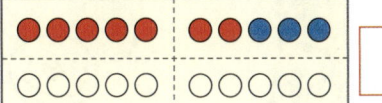 $8 + \square$

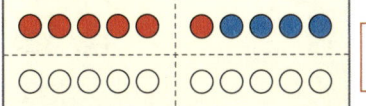 $\square + \square$

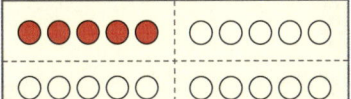 $\square + \square$

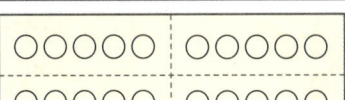 $5 + \square$

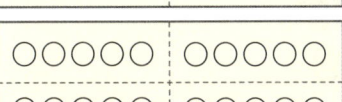 $4 + \square$

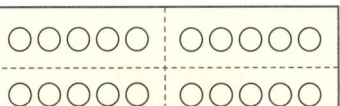 $3 + \square$

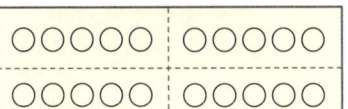 $\square + 8$

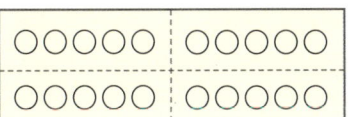 $\square + 9$

$0 + \square$

5 Kannst du alle
auswendig?

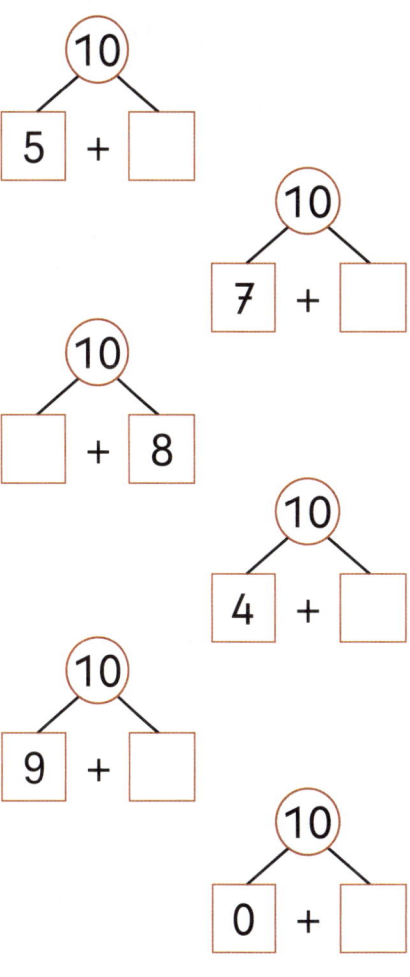

$5 + \square$

$7 + \square$

$\square + 8$

$4 + \square$

$9 + \square$

$0 + \square$

Schatten erkennen

Welcher Schatten gehört zu welcher Figur?
Verbinde.

Stars-Check: Countdown 10, 9, 8, 7, 6, 5, ...

... ④ Blitzlesen: Wie viele sind es?

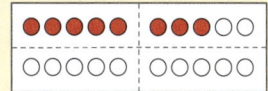

Check dein Wissen!

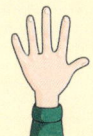 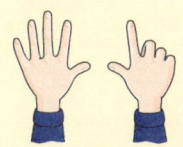 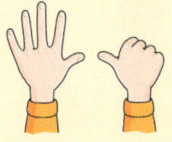

③ Nachbarzahlen

	4	
	6	
	9	

2		
		8
	2	

	5	
		9
6		

② Vergleiche: < = >

6 ◯ 8   7 ◯ 7   1 ◯ 0

5 ◯ 2   9 ◯ 8   2 ◯ 4

① Zerlege.

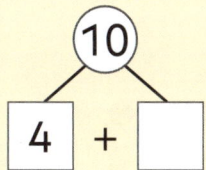 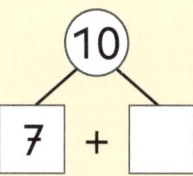 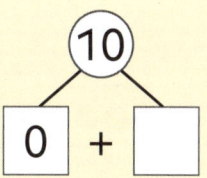 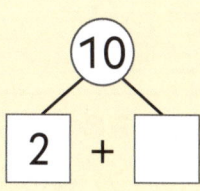

⓪ Auf zu neuen Abenteuern!

Plusaufgaben

(1) Wie heißen die Rechnungen?

a)

2 + 3 = 5   5 + 1 = ___   3 + 6 = ___

b)

3 + 4 = ___   2 + ___ = ___   5 + ___ = ___

4 + ___ = ___   2 + ___ = ___   8 + ___ = ___

7 ___ = ___   1 ___ = ___   3 ___ = ___

_____   _____   _____

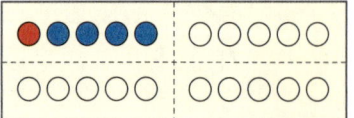

Video
20er-Feld

(2) Male und rechne.

a)

3 + 1 = ___   5 + 4 = ___   4 + 2 = ___

b)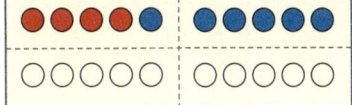

4 + 6 = ___   1 + 7 = ___   3 + 3 = ___

6 + 2 = ___   1 + 5 = ___   9 + 0 = ___

4 + 1 = ___   0 + 2 = ___   2 + 7 = ___

(3) 3 + 7 = ___   9 + 1 = ___   6 + 4 = ___

5 + 2 = ___   2 + 7 = ___   0 + 8 = ___

6 + 3 = ___   5 + 0 = ___   1 + 8 = ___

20er-Feld

Tauschaufgaben

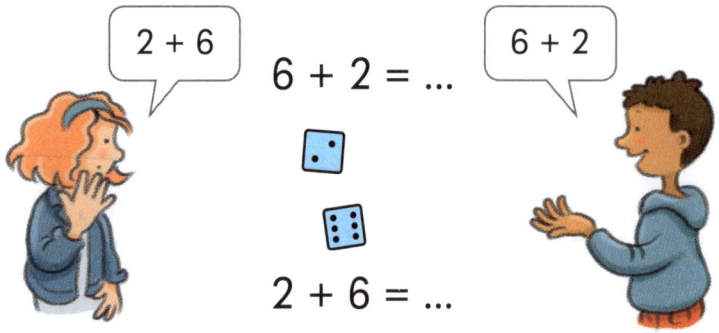

2 + 6

6 + 2 = ...

2 + 6 = ...

6 + 2

Was stimmt denn nun?

①

1 + 4 =____
4 + 1 =____

2 + 3 =____
3 + 2 =____

1 + 2 =____
2 + 1 =____

4 + 6 =____
6 + 4 =____

4 + 5 =____
5 + 4 =____

②

3 + ___ = ____
6 + ___ = ____

1 + ___ = ____
3 + ___ = ____

2 + ___ = ____
4 + ___ = ____

5 + ___ = ____
2 + ___ = ____

5 + ___ = ____
3 + ___ = ____

6 + ___ = ____
1 + ___ = ____

③

___ + ___ = ____
___ + ___ = ____

___ + ___ = ____
___ + ___ = ____

___ + ___ = ____
___ + ___ = ____

Video

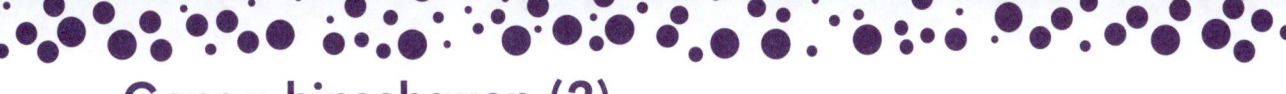

Genau hinschauen (2)

Suche die Dinge im Bild. Kreise ein.

Minusaufgaben

1 Wie heißen die Rechnungen?

a)

5 – 2 = 3   6 – 4 = ___   3 – 1 = ___

b)

8 – 7 = 1   10 – 9 = ___   8 – 3 = ___

7 ____ = ___   6 ____ = ___   9 ____ = ___

6 ____ = ___   7 ____ = ___   4 ____ = ___

_____   _____   _____

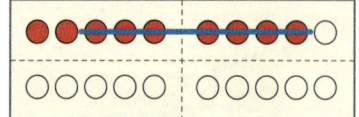
Video
20er-Feld

(2) Wie heißen die Rechnungen?

6 – ___ = ___   ___ – ___ = ___   _____

(3) Male und streiche weg.

8 – 2 = ___   9 – 6 = ___   5 – 5 = ___

7 – 1 = ___   10 – 7 = ___   9 – 9 = ___

5 – 4 = ___   8 – 5 = ___   6 – 4 = ___

(4)   8 – 0 = ___   7 – 2 = ___   9 – 8 = ___

6 – 3 = ___   10 – 5 = ___   7 – 4 = ___

5 – 3 = ___   8 – 3 = ___   9 – 4 = ___

Minusaufgaben üben

1 Welche Rechnung passt? Verbinde.

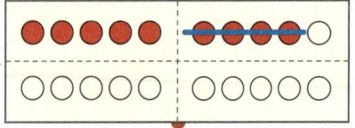 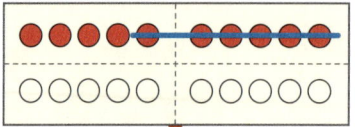 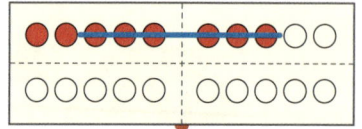

| 10 – 6 = 4 | 8 – 6 = 2 | 9 – 4 = 5 | 9 – 2 = 7 |

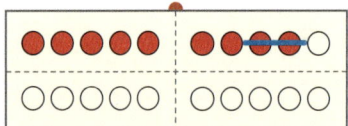

−5 ist einfach. Das sehe ich auf einen Blick!

2 Rechne und streiche schlau.

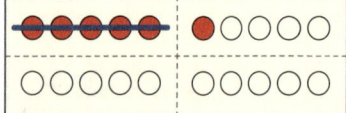 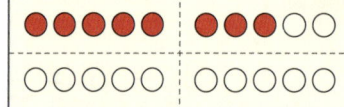 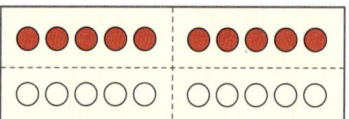

6 – 5 = ___   8 – 5 = ___   10 – 5 = ___

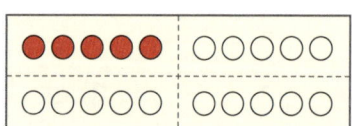

9 – 5 = ___   7 – 5 = ___   5 – 5 = ___

3 Welcher Klecks kommt aus welcher Tube? Male an.

 9 – 2

 8 – 4

 7 – 4

 10 – 1

7

3

9

4

20er-Feld

4 Welcher Ball gehört in welchen Korb? Verbinde.

 9 – 2

7 – 4

6 – 4

8 – 5

10 – 9

 7 – 6

3

7

1

2

5 Färbe nur die Aufgaben, die zum Ergebnis passen.

6 – 2	9 – 5

5 – 1		10 – 6

4

6 – 3		8 – 5

7 – 3	8 – 4

6 – 4	7 – 5

6 – 5		9 – 6

2

9 – 7		8 – 6

4 – 2	5 – 3

 6 Rechne und suche jeweils die nächsten beiden Aufgaben.

8 – 2 = ___
7 – 2 = ___
6 – 2 = ___

_____

_____

9 – 3 = ___
8 – 3 = ___
7 – 3 = ___

_____

_____

7 – 3 = ___
7 – 4 = ___
7 – 5 = ___

_____

_____

Rechentürme ⊕

1 Ergänze, was fehlt.

+3

0 + 3 = ___
1 + 3 = ___
2 + 3 = ___
3 + 3 = ___
4 + 3 = ___
5 + 3 = ___
6 + 3 = ___
7 + 3 = ___

+4

0 + 4 = ___
1 + 4 = ___
2 + 4 = ___
3 + __ = ___
4 + __ = ___
5 + __ = ___
6 + __ = ___

+5

0 + 5 = ___
1 + 5 = ___
2 + 5 = ___
3 + __ = ___
4 + __ = ___
5 + __ = ___

+6

0 + 6 = ___
1 + 6 = ___
2 + 6 = ___
3 + __ = ___
4 + __ = ___

Immer 1 mehr, das ist einfach!

+7

0 + 7 = ___
1 + 7 = ___
2 + __ = ___
3 + __ = ___

+8

0 + 8 = ___
1 + __ = ___
2 + __ = ___

+9

0 + 9 = ___
1 + __ = ___

2 Färbe alle Rechnungen mit Ergebnis 10 gelb.

3 Kreise alle Verdopplungsaufgaben blau ein.

Rechentürme ⊖

1 Ergänze, was fehlt.

−3

3 − 3 = __
4 − 3 = __
5 − 3 = __
6 − 3 = __
7 − 3 = __
8 − 3 = __
9 − 3 = __
10 − 3 = __

−4

4 − 4 = __
5 − 4 = __
6 − 4 = __
7 − __ = __
8 − __ = __
9 − __ = __
10 − __ = __

−5

5 − 5 = __
6 − 5 = __
7 − 5 = __
8 − __ = __
9 − __ = __
10 − __ = __

−6

6 − 6 = __
7 − 6 = __
8 − 6 = __
9 − __ = __
10 − __ = __

−7

7 − 7 = __
8 − 7 = __
9 − __ = __
10 − __ = __

−8

8 − 8 = __
9 − __ = __
10 − __ = __

−9

9 − 9 = __
10 − __ = __

2 Färbe alle Rechnungen mit ⟨10 −⟩ gelb.

3 Schreibe schwierige Aufgaben auf Karten. Übe sie.

31

Wir üben Plusaufgaben bis 10

Lege im Kopf.

1

4 + 1 = ___
5 + 3 = ___
4 + 4 = ___
1 + 1 = ___

2 + 2 = ___
4 + 2 = ___
3 + 4 = ___
6 + 2 = ___

2 + 3 = ___
5 + 2 = ___
7 + 2 = ___
3 + 1 = ___

2

9 + 1 = ___
6 + 3 = ___
4 + 6 = ___
0 + 5 = ___

5 + 4 = ___
0 + 0 = ___
3 + 5 = ___
0 + 4 = ___

1 + 8 = ___
9 + 0 = ___
3 + 2 = ___
5 + 5 = ___

Denke auch hier ans Zwanzigerfeld.

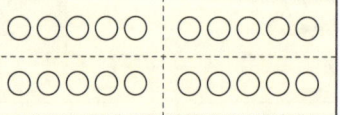

3 Ergänze.

1 + _2_ = 3
0 + ___ = 9
2 + ___ = 8
4 + ___ = 9

3 + ___ = 6
2 + ___ = 9
8 + ___ = 8
1 + ___ = 10

0 + ___ = 5
3 + ___ = 3
4 + ___ = 7
3 + ___ = 10

Wir üben Minusaufgaben bis 10

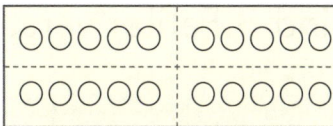

Stelle dir die Aufgabe im Feld vor.

1

4 − 1 =___
5 − 3 =___
4 − 4 =___
5 − 1 =___

2 − 2 =___
4 − 2 =___
7 − 4 =___
6 − 2 =___

9 − 3 =___
5 − 2 =___
7 − 2 =___
3 − 1 =___

2

9 − 1 =___
6 − 3 =___
8 − 6 =___
7 − 5 =___

5 − 4 =___
0 − 0 =___
9 − 5 =___
8 − 4 =___

9 − 8 =___
9 − 0 =___
3 − 2 =___
5 − 5 =___

3 Ergänze.

7 − _2_ = 5
6 − ___ = 5
5 − ___ = 1
9 − ___ = 7

3 − ___ = 0
9 − ___ = 2
8 − ___ = 8
6 − ___ = 2

8 − ___ = 5
3 − ___ = 3
4 − ___ = 1
7 − ___ = 4

Nach so viel Üben kann ich's im Schlaf.

Fehler suchen

Im unteren Bild sind 8 Fehler versteckt. Kreise sie ein.

Plus und minus

Rechne und färbe den Pfeil in der Farbe des Ergebnisses.

3 + 1 = _4_

4 + 6 = ___

9 − 3 = ___

4 + 4 = ___

9 − 5 = ___

2 + 8 = ___

1 + 5 = ___

10 − 4 = ___

9 − 7 = ___

3 + 7 = ___

3 + 5 = ___

4 − 2 = ___

6 − 2 = ___

5 − 3 = ___

10
8
6
4
2

Umrisse erkennen (1)

(1) Findest du den Schuh?
Male ihn an.

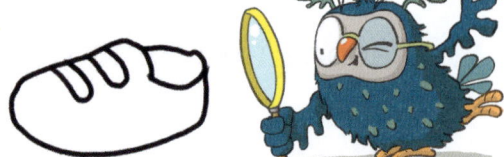

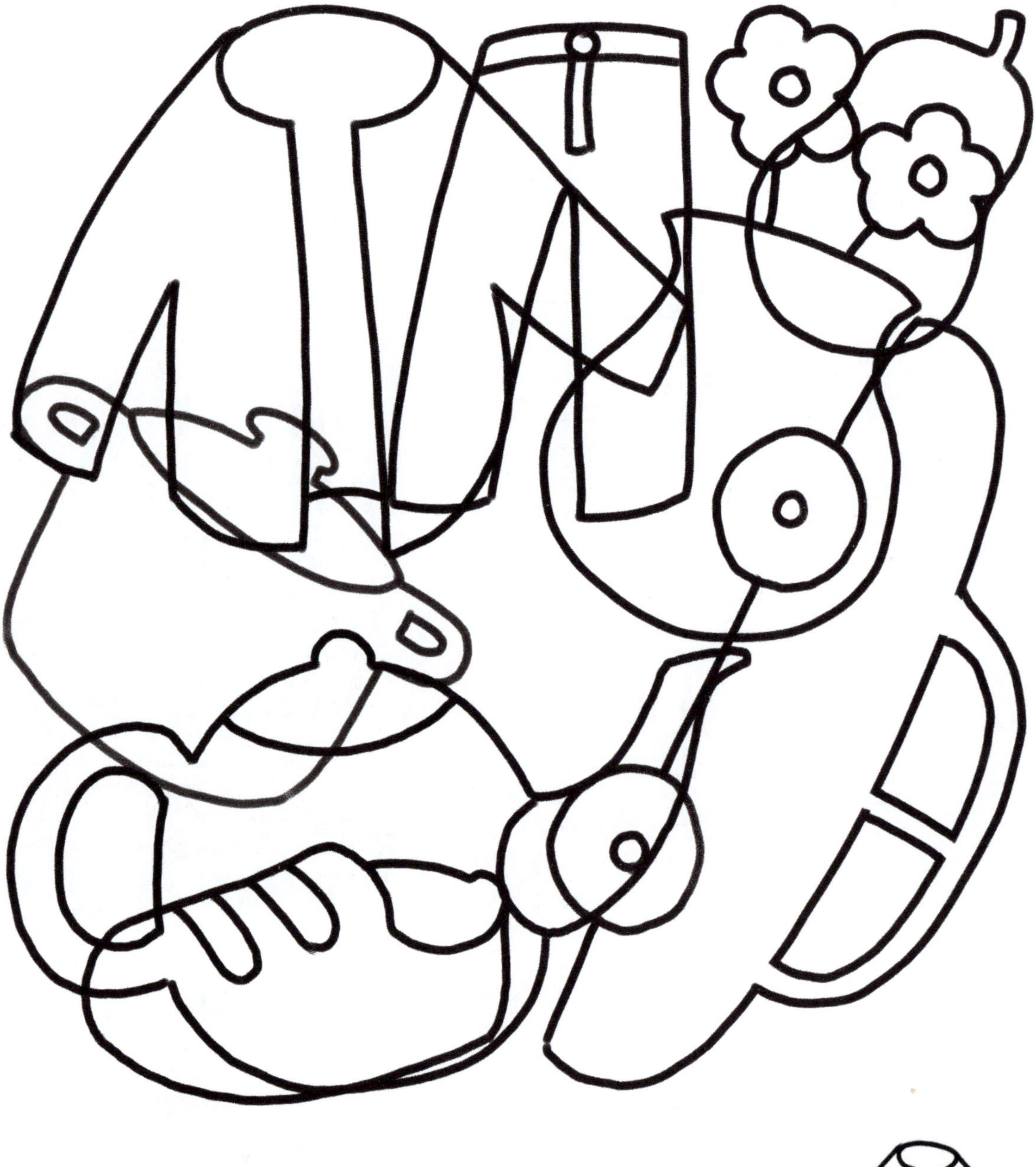

(2) Suche auch die Teekanne und die Jacke.
Male sie an.

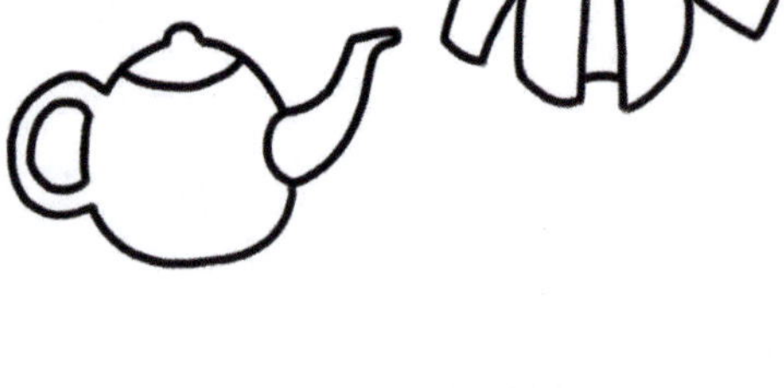

Lösungen Mathe-Stars Grundlagentraining 1

(zum Heraustrennen die mittlere Klammer lösen)

Liebe Schülerin, lieber Schüler,

auf den folgenden Seiten findest du die Lösungen zu allen Aufgaben.

- Wenn du mit einer Seite fertig bist, kannst du deine Ergebnisse selbstständig überprüfen und, wenn nötig, verbessern.
- Du kannst den Lösungsteil auch herausnehmen und zu Hause oder in der Schule aufbewahren.
- Wenn du dir die Lösungen lieber digital ansehen möchtest, brauchst du ein Tablet, Smartphone oder einen Computer. Folge dafür der Anleitung am Anfang des Heftes oder lass dir bei Bedarf von deinen Eltern, deinem Lehrer oder deiner Lehrerin helfen.

Genau hinschauen (1)

1 Immer zwei Käfer sind gleich.

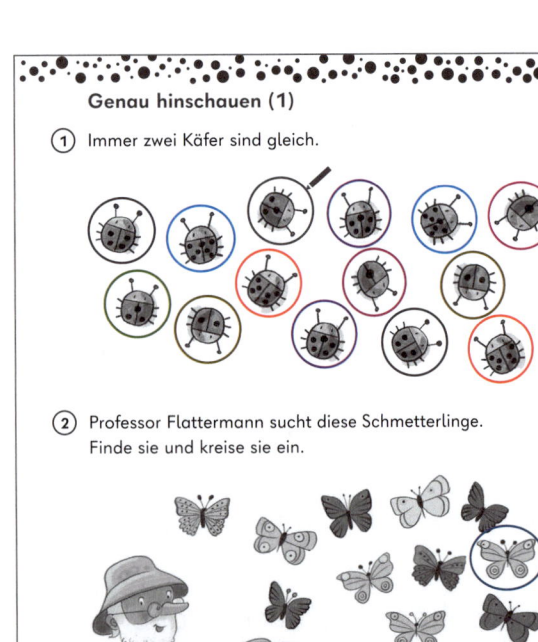

2 Professor Flattermann sucht diese Schmetterlinge.
Finde sie und kreise sie ein.

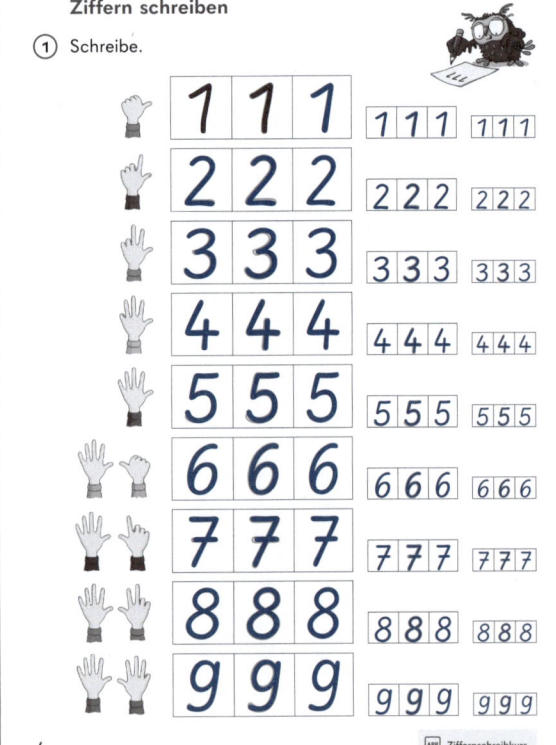

2

Genug?

1 Verbinde. Kreise ein, was übrig bleibt.

a)

b)

c)

d)

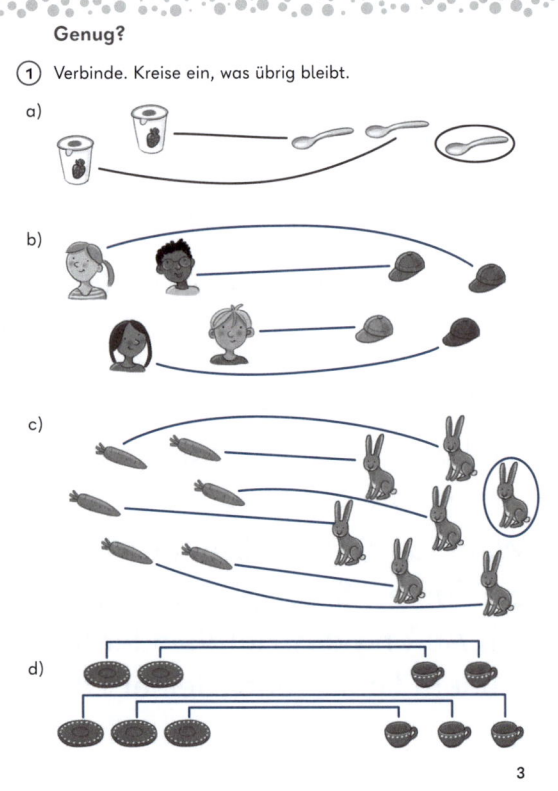

3

Ziffern schreiben

1 Schreibe.

1	1	1	1 1 1	1 1 1
2	2	2	2 2 2	2 2 2
3	3	3	3 3 3	3 3 3
4	4	4	4 4 4	4 4 4
5	5	5	5 5 5	5 5 5
6	6	6	6 6 6	6 6 6
7	7	7	7 7 7	7 7 7
8	8	8	8 8 8	8 8 8
9	9	9	9 9 9	9 9 9

4   APP Ziffernschreibkurs

Anzahlen erfassen

Pferd	II	2	Hase	IIII	4
Blume	ЖЖ IIII	9	Schmetterling		0
Igel	ЖЖ I	6	Maus	ЖЖ II	7
Schaf	III	3	Vogel	ЖЖ	5
Marienkäfer	ЖЖ III	8	Storch	I	1

APP Video   5

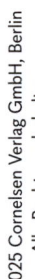

Vorwärts zählen

1

7 8 6 9 10 5 4 1 2 3

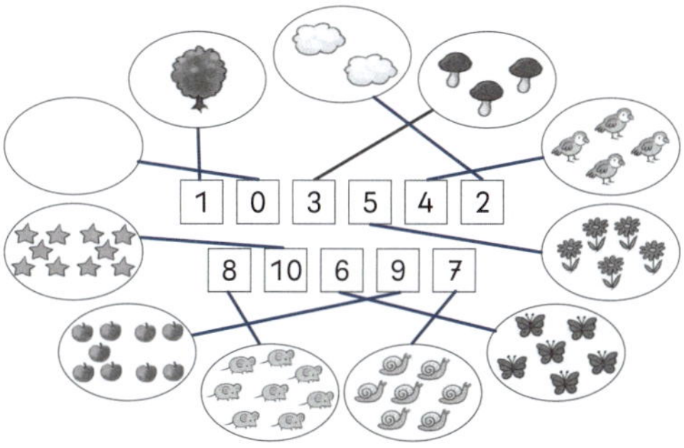

2

1 0 3 5 4 2
8 10 6 9 7

| 0 | 1 | 2 | 3 | 4 | 5 | 6 | 7 | 8 | 9 | 10 |
| 0 | 1 | 2 | 3 | 4 | 5 | 6 | 7 | 8 | 9 | 10 |

6

Rückwärts zählen

1

8 7 9 6 10 5 4 3 2 1

2 10, 9, 8, 7, 6, 5, 4, 3, 2, 1, 0

3

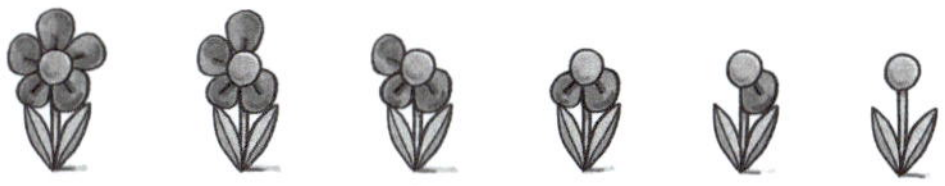

5 4 3 2 1 0

4 Im Theater

8 7 6 5 4 3 2

| 10 | 9 | 8 | 7 | 6 | 5 | 4 | 3 | 2 | 1 | 0 |
| 10 | 9 | 8 | 7 | 6 | 5 | 4 | 3 | 2 | 1 | 0 |

7

Weiterzählen

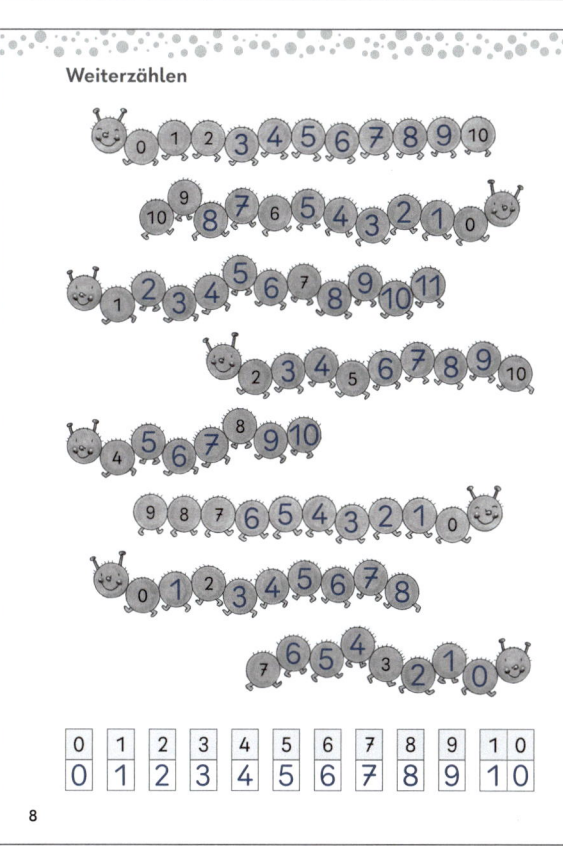

0 1 2 3 4 5 6 7 8 9 10

10 9 8 7 6 5 4 3 2 1 0

1 2 3 4 5 6 7 8 9 10 11

2 3 4 5 6 7 8 9 10

4 5 6 7 8 9 10

9 8 7 6 5 4 3 2 1 0

0 1 2 3 4 5 6 7 8

7 6 5 4 3 2 1 0

| 0 | 1 | 2 | 3 | 4 | 5 | 6 | 7 | 8 | 9 | 10 |
| 0 | 1 | 2 | 3 | 4 | 5 | 6 | 7 | 8 | 9 | 10 |

8

Wege nachzeichnen

Wer fährt wo? Zeichne die Fahrwege ein.
(Polizei: ●, Krankenwagen: ●, Abschleppwagen: ●)

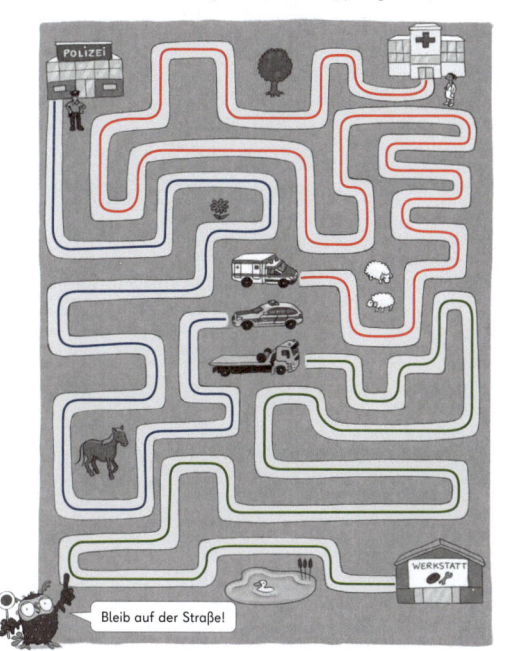

POLIZEI

WERKSTATT

Bleib auf der Straße!

9

Auf einen Blick

① (Blumen) 4   (Pilze) 6   (Äpfel) 5

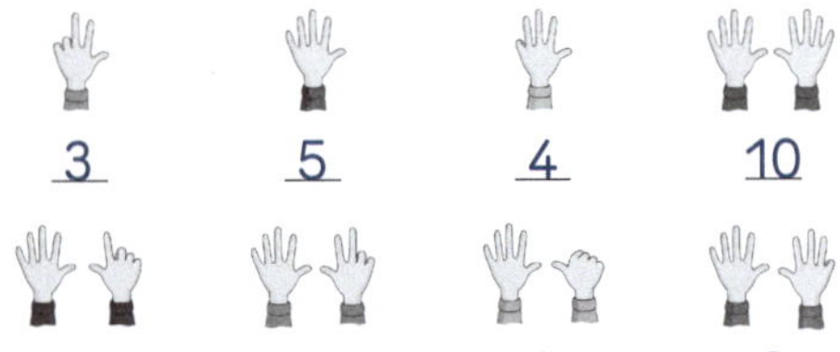

(Schmetterlinge) 5   (Enten) 3   (Schnecken) 4

② 3   4   6   5

③ 3   5   4   10

7   8   6   9

APP Video

④ 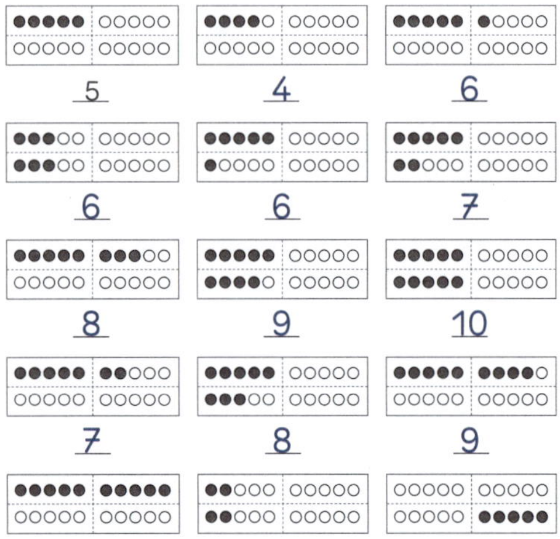
5   4   6

6   6   7

8   9   10

7   8   9

10   4   5

⑤ Kleine Knobelei
Immer 5, immer anders: Male.

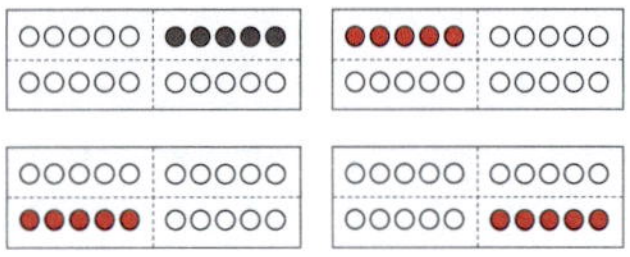

Hier sind auch 5!

Das Ganze – mehrere Teile

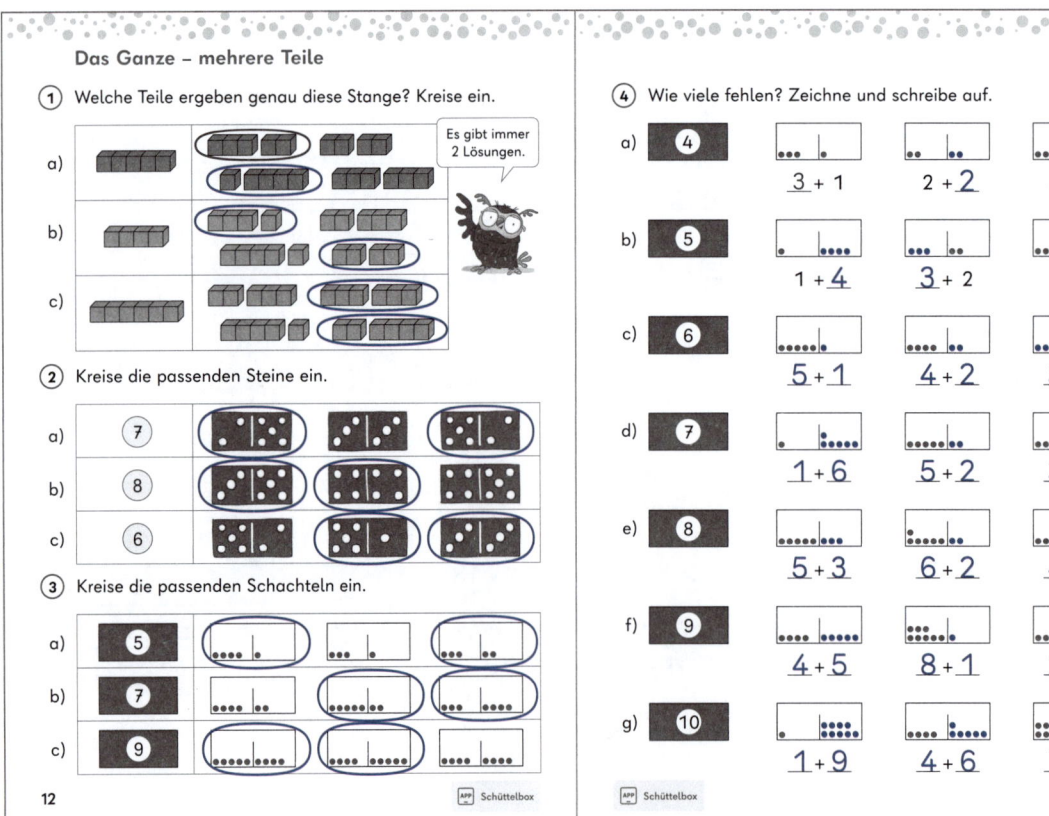

① Welche Teile ergeben genau diese Stange? Kreise ein.

Es gibt immer 2 Lösungen.

a)   b)   c)

② Kreise die passenden Steine ein.

a) 7   b) 8   c) 6

③ Kreise die passenden Schachteln ein.

a) 5   b) 7   c) 9

APP Schüttelbox

④ Wie viele fehlen? Zeichne und schreibe auf.

a) 4   3 + 1   2 + 2   4 + 0

b) 5   1 + 4   3 + 2   3 + 2

c) 6   5 + 1   4 + 2   3 + 3

d) 7   1 + 6   5 + 2   3 + 4

e) 8   5 + 3   6 + 2   4 + 4

f) 9   4 + 5   8 + 1   2 + 7

g) 10   1 + 9   4 + 6   7 + 3

APP Schüttelbox

Nachbarzahlen

Welche Zahl kommt ...
... nach ...
... vor ... ?

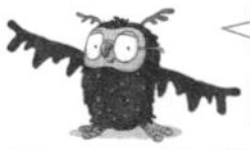

1 Suche die Nachbarn.

5	6
1	2
6	7
3	4

8	9
4	5
7	8
9	10

1	2
2	3
9	10
5	6

8	9
6	7
4	5
0	1

2 Ergänze.

3	4	5
0	1	2
4	5	6
1	2	3

2	3	4
5	6	7
7	8	9
8	9	10

1	2	3
8	9	10
2	3	4
5	6	7

7	8	9
6	7	8
3	4	5
0	1	2

3 Ergänze.

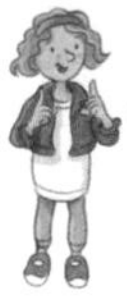

6	7	8
4	5	6
8	9	10
7	8	9
1	2	3

0	1	2
3	4	5
5	6	7
3	4	5
0	1	2

14 APP Video

Größer – kleiner – gleich

< „ist kleiner als"
= „ist gleich"
> „ist größer als"

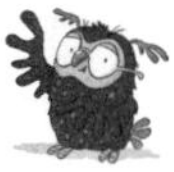

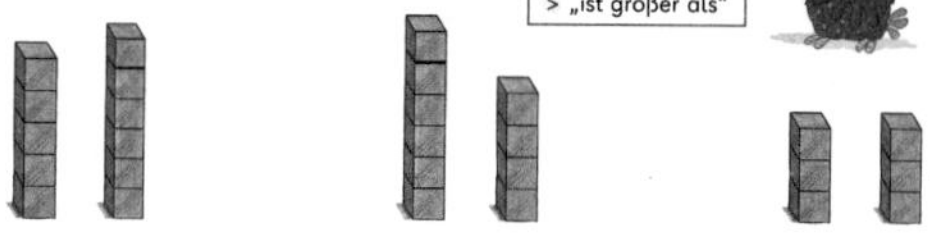

1 Vergleiche die Türme: < = >

$5 < 6$ $6 > 4$ $3 = 3$

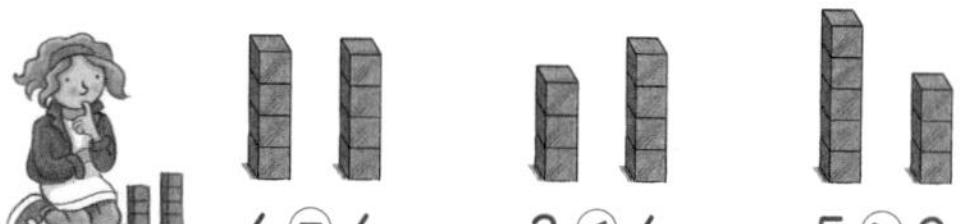

$4 = 4$ $3 < 4$ $5 > 3$

2 Vergleiche: < = >

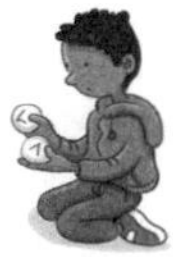

$3 > 2$ $8 > 6$ $5 < 9$

$3 = 3$ $7 > 5$ $10 > 8$

$3 < 4$ $3 < 8$ $2 = 2$

3 Kleine Knobelei

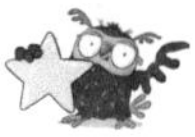

a) $1 < 2 < 3$ $7 < 8 < 9 < 10$

b) $10 > 9 > 8$ $6 > 5 > 4 > 3$

APP Video   15

Zahlen zerlegen (1)

1

a) Immer 5   ⑤

$5 + 0$
$3 + 2$
$4 + 1$
$2 + 3$
$1 + 4$
$0 + 5$

b) Immer 6   ⑥

$5 + 1$
$6 + 0$
$3 + 3$
$4 + 2$
$1 + 5$
$0 + 6$
$2 + 4$

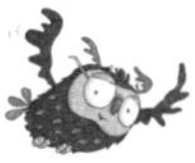

2 Ergänze.

a)
⑤ $4 + 1$ ⑤ $2 + 3$ ⑤ $0 + 5$ ⑤ $3 + 2$

b)
⑥ $1 + 5$ ⑥ $3 + 3$ ⑥ $6 + 0$ ⑥ $2 + 4$

16 APP Video

3

a) Immer 7   ⑦

$5 + 2$
$6 + 1$
$7 + 0$
$4 + 3$
$0 + 7$
$1 + 6$
$3 + 4$
$2 + 5$

b) Immer 8   ⑧

$4 + 4$
$5 + 3$
$2 + 6$
$8 + 0$
$1 + 7$
$3 + 5$
$0 + 8$
$6 + 2$
$7 + 1$

4 Kleine Knobelei
Welche Zahlen wurden hier zerlegt? Schreibe auf.

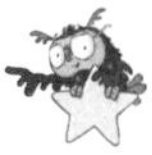

⑤ $1 + 4$ ⑦ $6 + 1$ ⑥ $4 + 2$ ⑧ $4 + 4$

17

Zahlen zerlegen (2)

① Immer 9 (9)

5 + 4
8 + 1
2 + 7
9 + 0
4 + 5
1 + 8
0 + 9
3 + 6
7 + 2
6 + 3

② Immer 10 (10)

9 + 1
5 + 5
10 + 0
4 + 6
2 + 8
6 + 4
1 + 9
3 + 7
7 + 3
8 + 2

③ Ergänze.

6: 3 + 3   8: 4 + 4   10: 5 + 5   9: 5 + 4

---

④ Immer 10 – schön geordnet. Ergänze, was fehlt.

Siehst du das Muster?

10 + 0
9 + 1
8 + 2
7 + 3
6 + 4
5 + 5
4 + 6
3 + 7
2 + 8
1 + 9
0 + 10

⑤ Kannst du alle auswendig?

10: 5 + 5
10: 7 + 3
10: 2 + 8
10: 4 + 6
10: 9 + 1
10: 0 + 10

Schatten erkennen

Welcher Schatten gehört zu welcher Figur?
Verbinde.

Stars-Check: Countdown 10, 9, 8, 7, 6, 5, …

… ④ Blitzlesen: Wie viele sind es?

Check dein Wissen!

8   6   9

5   7   6

③ Nachbarzahlen

3	4	5
5	6	7
8	9	10

2	3	4
6	7	8
1	2	3

4	5	6
7	8	9
6	7	8

② Vergleiche: < = >

6 < 8   7 = 7   1 > 0
5 > 2   9 > 8   2 < 4

① Zerlege.

10: 4 + 6   10: 7 + 3   10: 0 + 10   10: 2 + 8

⓪ Auf zu neuen Abenteuern!

APP Check

Plusaufgaben

① Wie heißen die Rechnungen?

a)

$2 + 3 = 5$ $5 + 1 = 6$ $3 + 6 = 9$

b)

$3 + 4 = 7$ $2 + 8 = 10$ $5 + 2 = 7$

$4 + 5 = 9$ $2 + 4 = 6$ $8 + 1 = 9$

$7 + 2 = 9$ $1 + 9 = 10$ $3 + 2 = 5$

$5 + 3 = 8$ $6 + 2 = 8$ $1 + 4 = 5$

22   Video 20er-Feld

② Male und rechne.

a)

$3 + 1 = 4$ $5 + 4 = 9$ $4 + 2 = 6$

b)

$4 + 6 = 10$ $1 + 7 = 8$ $3 + 3 = 6$

$6 + 2 = 8$ $1 + 5 = 6$ $9 + 0 = 9$

$4 + 1 = 5$ $0 + 2 = 2$ $2 + 7 = 9$

③
$3 + 7 = 10$ $9 + 1 = 10$ $6 + 4 = 10$
$5 + 2 = 7$ $2 + 7 = 9$ $0 + 8 = 8$
$6 + 3 = 9$ $5 + 0 = 5$ $1 + 8 = 9$

20er-Feld   23

Tauschaufgaben

2 + 6

$6 + 2 = ...$

6 + 2

$2 + 6 = ...$

Was stimmt denn nun?

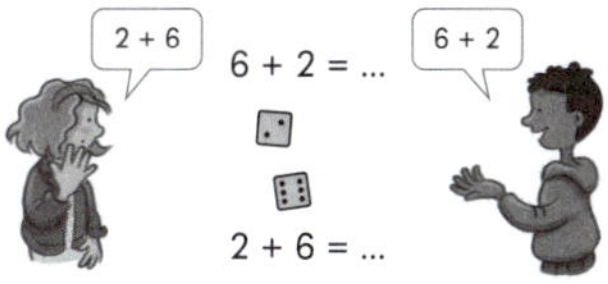

①
$1 + 4 = 5$ $2 + 3 = 5$
$4 + 1 = 5$ $3 + 2 = 5$

$1 + 2 = 3$ $4 + 6 = 10$ $4 + 5 = 9$
$2 + 1 = 3$ $6 + 4 = 10$ $5 + 4 = 9$

②
$3 + 6 = 9$ $1 + 3 = 4$ $2 + 4 = 6$
$6 + 3 = 9$ $3 + 1 = 4$ $4 + 2 = 6$

$5 + 2 = 7$ $5 + 3 = 8$ $6 + 1 = 7$
$2 + 5 = 7$ $3 + 5 = 8$ $1 + 6 = 7$

③
$4 + 3 = 7$ $1 + 5 = 6$ $2 + 6 = 8$
$3 + 4 = 7$ $5 + 1 = 6$ $6 + 2 = 8$

24   Video

Genau hinschauen (2)

Suche die Dinge im Bild. Kreise ein.

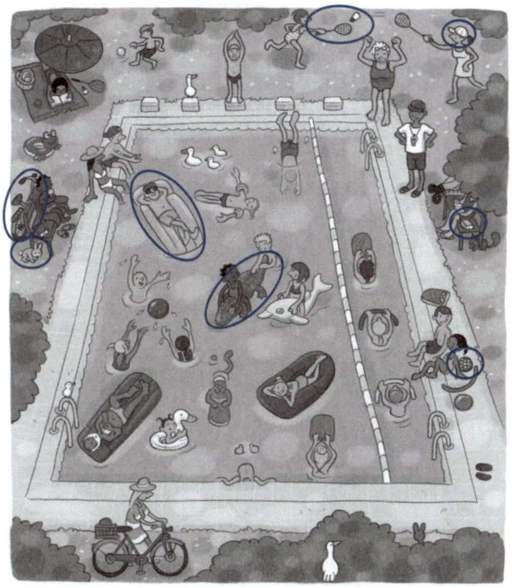

25

Minusaufgaben

1 Wie heißen die Rechnungen?

a)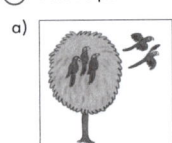

5 − 2 = 3   6 − 4 = 2   3 − 1 = 2

b)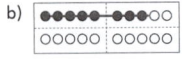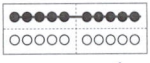

8 − 7 = 1   10 − 9 = 1   8 − 3 = 5

7 − 7 = 0   6 − 5 = 1   9 − 4 = 5

6 − 0 = 6   7 − 6 = 1   4 − 3 = 1

8 − 4 = 4   3 − 1 = 2   9 − 7 = 2

26   APP Video 20er-Feld

2 Wie heißen die Rechnungen?

6 − 2 = 4   7 − 4 = 3   5 − 1 = 4

3 Male und streiche weg.

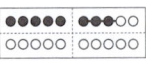 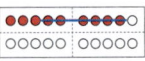 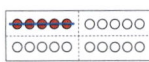

8 − 2 = 6   9 − 6 = 3   5 − 5 = 0

7 − 1 = 6   10 − 7 = 3   9 − 9 = 0

5 − 4 = 1   8 − 5 = 3   6 − 4 = 2

4
8 − 0 = 8   7 − 2 = 5   9 − 8 = 1
6 − 3 = 3   10 − 5 = 5   7 − 4 = 3
5 − 3 = 2   8 − 3 = 5   9 − 4 = 5

APP 20er-Feld   27

Minusaufgaben üben

1 Welche Rechnung passt? Verbinde.

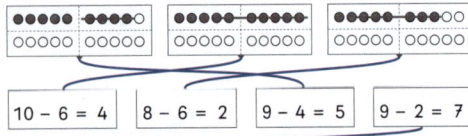

10 − 6 = 4 | 8 − 6 = 2 | 9 − 4 = 5 | 9 − 2 = 7

−5 ist einfach. Das sehe ich auf einen Blick!

2 Rechne und streiche schlau.

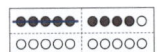 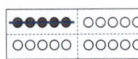

6 − 5 = 1   8 − 5 = 3   10 − 5 = 5

9 − 5 = 4   7 − 5 = 2   5 − 5 = 0

3 Welcher Klecks kommt aus welcher Tube? Male an.

9 − 2   8 − 4   7 − 4   10 − 7

3   7   9   4

28   APP 20er-Feld

4 Welcher Ball gehört in welchen Korb? Verbinde.

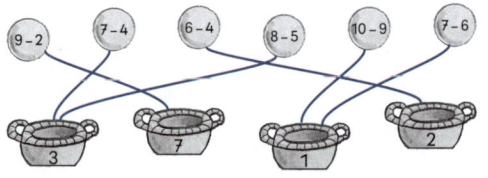

9 − 2   7 − 4   6 − 4   8 − 5   10 − 9   7 − 6

3   7   1   2

5 Färbe nur die Aufgaben, die zum Ergebnis passen.

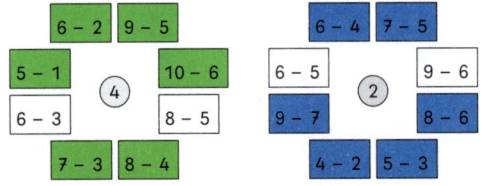

6 − 2   9 − 5   6 − 4   7 − 5
5 − 1   10 − 6   6 − 5   9 − 6
(4)   (2)
6 − 3   8 − 5   9 − 7   8 − 6
7 − 3   8 − 4   4 − 2   5 − 3

6 Rechne und suche jeweils die nächsten beiden Aufgaben.

8 − 2 = 6   9 − 3 = 6   7 − 3 = 4
7 − 2 = 5   8 − 3 = 5   7 − 4 = 3
6 − 2 = 4   7 − 3 = 4   7 − 5 = 2
5 − 2 = 3   6 − 3 = 3   7 − 6 = 1
4 − 2 = 2   5 − 3 = 2   7 − 7 = 0

29

Rechentürme ⊕

1 Ergänze, was fehlt.

+3
$0 + 3 = 3$
$1 + 3 = 4$
$2 + 3 = 5$
$3 + 3 = 6$
$4 + 3 = 7$
$5 + 3 = 8$
$6 + 3 = 9$
$7 + 3 = 10$

+4
$0 + 4 = 4$
$1 + 4 = 5$
$2 + 4 = 6$
$3 + 4 = 7$
$4 + 4 = 8$
$5 + 4 = 9$
$6 + 4 = 10$

+5
$0 + 5 = 5$
$1 + 5 = 6$
$2 + 5 = 7$
$3 + 5 = 8$
$4 + 5 = 9$
$5 + 5 = 10$

+6
$0 + 6 = 6$
$1 + 6 = 7$
$2 + 6 = 8$
$3 + 6 = 9$
$4 + 6 = 10$

+7
$0 + 7 = 7$
$1 + 7 = 8$
$2 + 7 = 9$
$3 + 7 = 10$

+8
$0 + 8 = 8$
$1 + 8 = 9$
$2 + 8 = 10$

+9
$0 + 9 = 9$
$1 + 9 = 10$

Immer 1 mehr, das ist einfach!

2 Färbe alle Rechnungen mit Ergebnis 10 gelb.

3 Kreise alle Verdopplungsaufgaben blau ein.

30

Rechentürme ⊖

1 Ergänze, was fehlt.

−3
$3 - 3 = 0$
$4 - 3 = 1$
$5 - 3 = 2$
$6 - 3 = 3$
$7 - 3 = 4$
$8 - 3 = 5$
$9 - 3 = 6$
$10 - 3 = 7$

−4
$4 - 4 = 0$
$5 - 4 = 1$
$6 - 4 = 2$
$7 - 4 = 3$
$8 - 4 = 4$
$9 - 4 = 5$
$10 - 4 = 6$

−5
$5 - 5 = 0$
$6 - 5 = 1$
$7 - 5 = 2$
$8 - 5 = 3$
$9 - 5 = 4$
$10 - 5 = 5$

−6
$6 - 6 = 0$
$7 - 6 = 1$
$8 - 6 = 2$
$9 - 6 = 3$
$10 - 6 = 4$

−7
$7 - 7 = 0$
$8 - 7 = 1$
$9 - 7 = 2$
$10 - 7 = 3$

−8
$8 - 8 = 0$
$9 - 8 = 1$
$10 - 8 = 2$

−9
$9 - 9 = 0$
$10 - 9 = 1$

2 Färbe alle Rechnungen mit (10 −) gelb.

3 Schreibe schwierige Aufgaben auf Karten. Übe sie.

31

Wir üben Plusaufgaben bis 10

Lege im Kopf.

1

$4 + 1 = 5$	$2 + 2 = 4$	$2 + 3 = 5$
$5 + 3 = 8$	$4 + 2 = 6$	$5 + 2 = 7$
$4 + 4 = 8$	$3 + 4 = 7$	$7 + 2 = 9$
$1 + 1 = 2$	$6 + 2 = 8$	$3 + 1 = 4$

2

$9 + 1 = 10$	$5 + 4 = 9$	$1 + 8 = 9$
$6 + 3 = 9$	$0 + 0 = 0$	$9 + 0 = 9$
$4 + 6 = 10$	$3 + 5 = 8$	$3 + 2 = 5$
$0 + 5 = 5$	$0 + 4 = 4$	$5 + 5 = 10$

Denke auch hier ans Zwanzigerfeld.

3 Ergänze.

$1 + 2 = 3$	$3 + 3 = 6$	$0 + 5 = 5$
$0 + 9 = 9$	$2 + 7 = 9$	$3 + 0 = 3$
$2 + 6 = 8$	$8 + 0 = 8$	$4 + 3 = 7$
$4 + 5 = 9$	$1 + 9 = 10$	$3 + 7 = 10$

32

Wir üben Minusaufgaben bis 10

Stelle dir die Aufgabe im Feld vor.

1

$4 - 1 = 3$	$2 - 2 = 0$	$9 - 3 = 6$
$5 - 3 = 2$	$4 - 2 = 2$	$5 - 2 = 3$
$4 - 4 = 0$	$7 - 4 = 3$	$7 - 2 = 5$
$5 - 1 = 4$	$6 - 2 = 4$	$3 - 1 = 2$

2

$9 - 1 = 8$	$5 - 4 = 1$	$9 - 8 = 1$
$6 - 3 = 3$	$0 - 0 = 0$	$9 - 0 = 9$
$8 - 6 = 2$	$9 - 5 = 4$	$3 - 2 = 1$
$7 - 5 = 2$	$8 - 4 = 4$	$5 - 5 = 0$

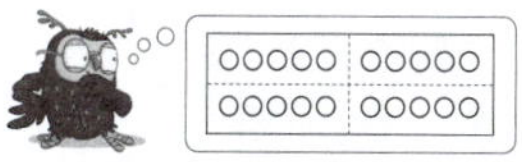

3 Ergänze.

$7 - 2 = 5$	$3 - 3 = 0$	$8 - 3 = 5$
$6 - 1 = 5$	$9 - 7 = 2$	$3 - 0 = 3$
$5 - 4 = 1$	$8 - 0 = 8$	$4 - 3 = 1$
$9 - 2 = 7$	$6 - 4 = 2$	$7 - 3 = 4$

Nach so viel Üben kann ich's im Schlaf.

33

Fehler suchen

Im unteren Bild sind 8 Fehler versteckt. Kreise sie ein.

34

Plus und minus

Rechne und färbe den Pfeil in der Farbe des Ergebnisses.

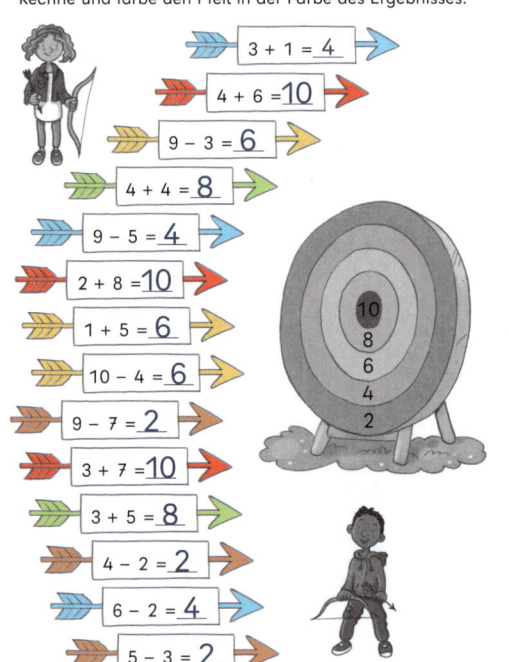

3 + 1 = 4
4 + 6 = 10
9 – 3 = 6
4 + 4 = 8
9 – 5 = 4
2 + 8 = 10
1 + 5 = 6
10 – 4 = 6
9 – 7 = 2
3 + 7 = 10
3 + 5 = 8
4 – 2 = 2
6 – 2 = 4
5 – 3 = 2

35

Umrisse erkennen (1)

① Findest du den Schuh?
   Male ihn an.

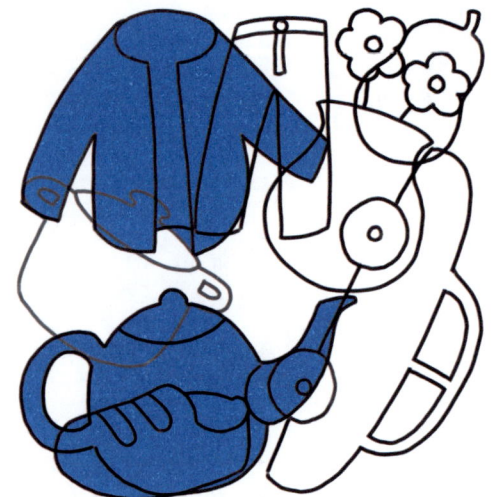

② Suche auch die Teekanne und die Jacke.
   Male sie an.

36

Stars-Check: Countdown 10, 9, 8, 7, 6, 5, …

… ④ Male und rechne.

3 + 4 = 7   5 + 3 = 8   7 + 2 = 9

8 – 3 = 5   10 – 6 = 4

③ Lege im Kopf. Rechne.

9 + 1 = 10   3 + 5 = 8   5 + 4 = 9
9 – 4 = 5   8 – 5 = 3   7 – 7 = 0

② Aufgabe und Tauschaufgabe

1 + 4 = 5   2 + 5 = 7
4 + 1 = 5   5 + 2 = 7

① Ergänze.

2 + 3 = 5   5 + 5 = 10   3 + 3 = 6
4 – 3 = 1   8 – 3 = 5   10 – 8 = 2

⓪ Auf zu neuen Abenteuern!

APP Check

37

Zahlen bis 20 (1)

① Kreise immer 5 ein. Wie viele sind es? Verbinde mit der Zahl.

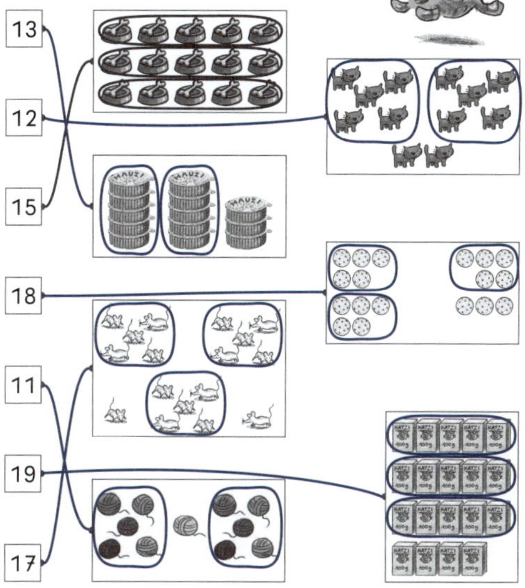

13

12

15

18

11

19

17

| 1 0 | 1 1 | 1 2 | 1 3 | 1 4 | 1 5 |

APP Video

---

② Wie viele sind es? Verbinde Hände und Zahlen.

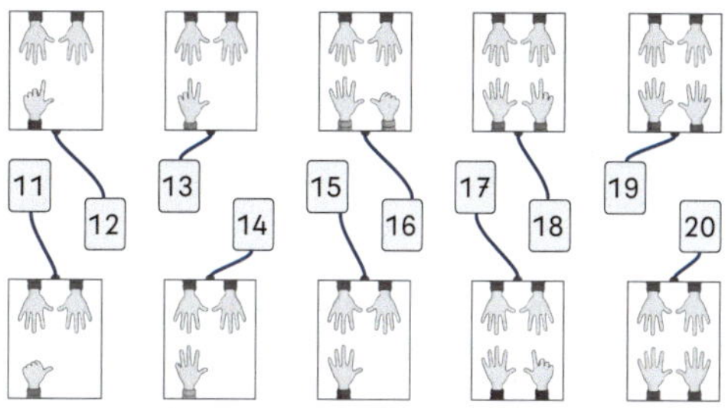

11 12 13 14 15 16 17 18 19 20

③ Wie viele? Schreibe die Zahlen auf.

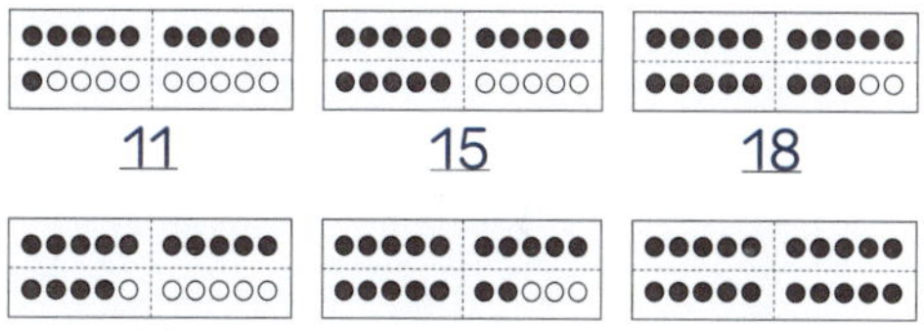

11   15   18

14   17   20

| 1 6 | 1 7 | 1 8 | 1 9 | 2 0 |

Zahlen bis 20 (2)

① Wie viele? Zeichne und rechne.

a)

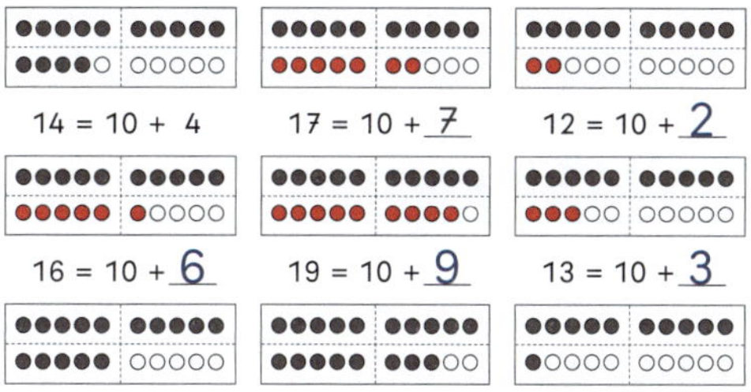

$14 = 10 + 4$ $17 = 10 + 7$ $12 = 10 + 2$

$16 = 10 + 6$ $19 = 10 + 9$ $13 = 10 + 3$

b)

$15 = 10 + 5$ $18 = 10 + 8$ $11 = 10 + 1$

② Wie viele? Zeichne.

10 Einer sind 1 Zehner.

Wir zeichnen dafür:

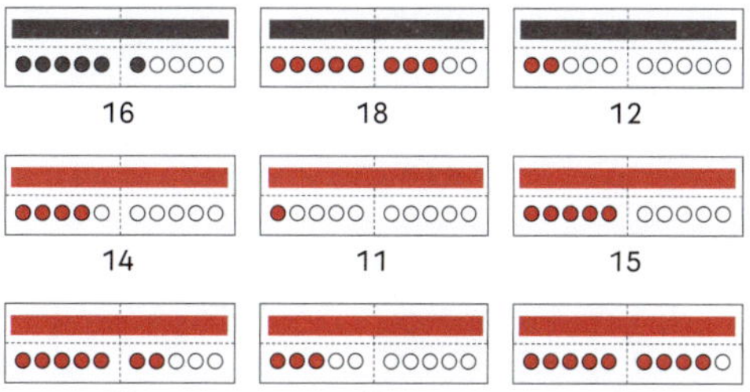

16   18   12

14   11   15

17   13   19

APP Video

---

③ Verbinde die Kärtchen mit der richtigen Stelle am Zahlenstrahl.

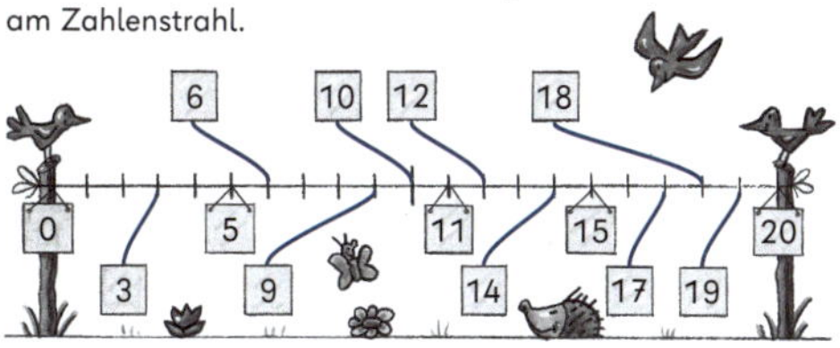

6   10   12   18

0   5   11   15   20

3   9   14   17   19

④ Zähle weiter.

6, 7, 8, 9, 10, 11, 12, 13, 14

9, 10, 11, 12, 13, 14, 15, 16, 17, 18

16, 15, 14, 13, 12, 11, 10, 9, 8

20, 19, 18, 17, 16, 15, 14, 13, 12, 11

⑤ Wie geht es weiter?

1, 3, 5, 7, 9, 11, 13, 15, 17, 19, 21

2, 4, 6, 8, 10, 12, 14, 16, 18, 20

20, 18, 16, 14, 12, 10, 8, 6, 4, 2, 0

⑥ Kleine Knobelei

20, 17, 14, 11, 8, 5, 2

Nachbarzahlen bis 20

① Suche die Nachbarn.

14	15
18	19
12	13
16	17

13	14
19	20
17	18
15	16

10	11
14	15
13	14
11	12

18	19
15	16
19	20
12	13

② Ergänze.

14	15	16
17	18	19
13	14	15
11	12	13

12	13	14
9	10	11
10	11	12
15	16	17

18	19	20
15	16	17
16	17	18
13	14	15

14	15	16
12	13	14
17	18	19
11	12	13

③ Ergänze.

16	17	18
13	14	15
17	18	19
12	13	14
10	11	12

15	16	17
9	10	11
11	12	13
14	15	16
18	19	20

Zahlen vergleichen

① Vergleiche: > < =

16 < 19   12 > 11
15 < 17   19 > 15   10 = 10
20 > 11   17 < 18   11 < 14
13 > 10   14 < 17   18 < 20

Erinnerst du dich?

5 < 6

② Welche Zahl passt? Kreise sie ein.

14 > ?   (13) 16 17

17 > ?   18 19 (12)

11 > ?   13 (10) 14

15 < ?   11 (17) 12

16 < ?   15 16 (19)

18 < ?   10 14 (20)

③ Welche Zahlen passen? Kreise sie ein.

16 > ?   (15) 20 (12)

13 < ?   11 (15) (19)

18 > ?   20 (16) (17)

12 < ?   (18) (13) 11

15 > ?   16 (12) (14)

17 > ?   (15) (19) (16)

Rechts von – links von, über – unter, zwischen

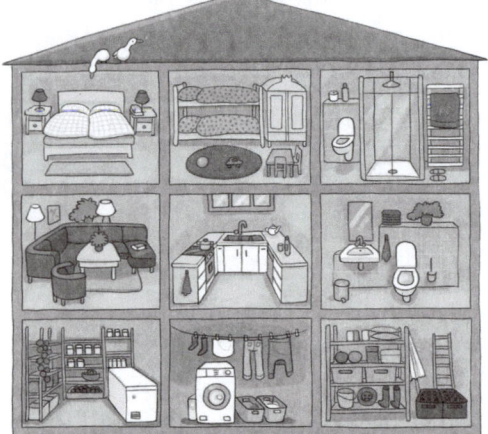

Male nur das richtige Bild an.

① Was siehst du rechts von  ?

② Was siehst du links von 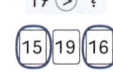 ?

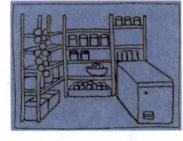   

③ Was ist über ?
 ?

   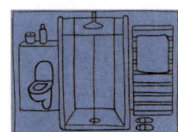

④ Was ist zwischen und ?

Verwandte Aufgaben ⊕

1 Rechne.

$4 + 2 = 6$ $5 + 3 = 8$ $7 + 1 = 8$

$14 + 2 = 16$ $15 + 3 = 18$ $17 + 1 = 18$

2 Zeichne und rechne.

$1 + 4 = 5$ $3 + 6 = 9$ $6 + 2 = 8$

$11 + 4 = 15$ $13 + 6 = 19$ $16 + 2 = 18$

$2 + 7 = 9$ $1 + 5 = 6$ $3 + 7 = 10$

$12 + 7 = 19$ $11 + 5 = 16$ $13 + 7 = 20$

46   APP Video

3 Welcher Planet gehört zu welcher Rakete? Verbinde.

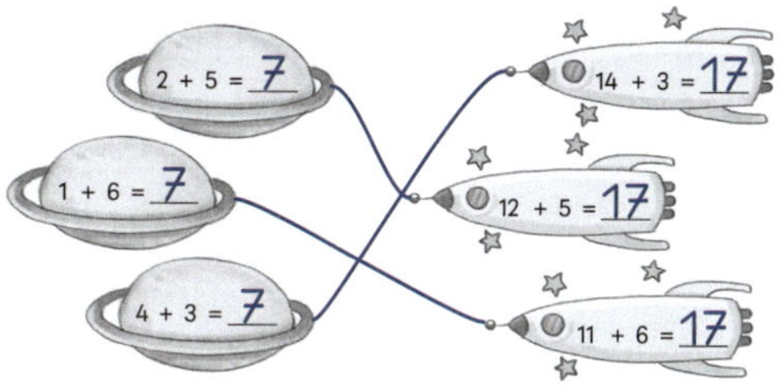

$2 + 5 = 7$ $14 + 3 = 17$
$1 + 6 = 7$ $12 + 5 = 17$
$4 + 3 = 7$ $11 + 6 = 17$

4 Die kleine Aufgabe hilft dir.

$12 + 3 = 15$ $15 + 4 = 19$ $13 + 6 = 19$
$2 + 3 = 5$ $5 + 4 = 9$ $3 + 6 = 9$

$11 + 7 = 18$ $14 + 5 = 19$ $13 + 7 = 20$
$1 + 7 = 8$ $4 + 5 = 9$ $3 + 7 = 10$

$16 + 2 = 18$ $18 + 1 = 19$ $11 + 5 = 16$
$6 + 2 = 8$ $8 + 1 = 9$ $1 + 5 = 6$

5 Denke an die kleine Aufgabe. Rechne.

$12 + 2 = 14$ $11 + 4 = 15$ $14 + 3 = 17$
$15 + 3 = 18$ $13 + 2 = 15$ $13 + 6 = 19$
$11 + 7 = 18$ $16 + 1 = 17$ $16 + 2 = 18$

47

Verwandte Aufgaben ⊖

1 Rechne.

Ich streiche schlau.

$8 - 3 = 5$ $7 - 5 = 2$ $8 - 5 = 3$

$18 - 3 = 15$ $17 - 5 = 12$ $18 - 5 = 13$

2 Zeichne und rechne.

$4 - 3 = 1$ $9 - 5 = 4$ $6 - 2 = 4$

$14 - 3 = 11$ $19 - 5 = 14$ $16 - 2 = 14$

$8 - 6 = 2$ $7 - 4 = 3$ $5 - 2 = 3$

$18 - 6 = 12$ $17 - 4 = 13$ $15 - 2 = 13$

48   APP Video

3 Welcher Planet gehört zu welcher Rakete? Verbinde.

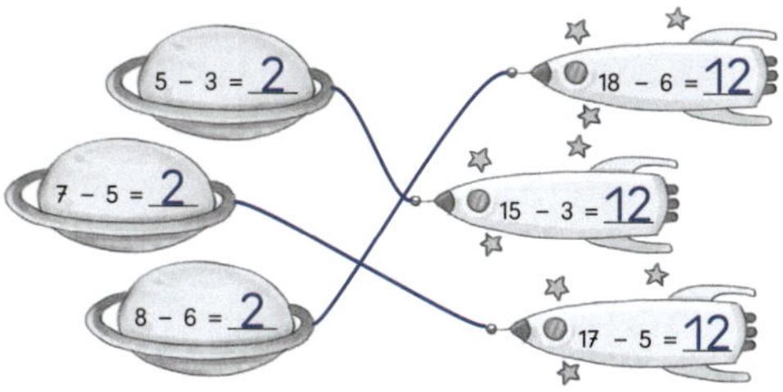

$5 - 3 = 2$ $18 - 6 = 12$
$7 - 5 = 2$ $15 - 3 = 12$
$8 - 6 = 2$ $17 - 5 = 12$

4 Die kleine Aufgabe hilft dir.

$13 - 2 = 11$ $15 - 4 = 11$ $16 - 3 = 13$
$3 - 2 = 1$ $5 - 4 = 1$ $6 - 3 = 3$

$18 - 5 = 13$ $17 - 4 = 13$ $16 - 5 = 11$
$8 - 5 = 3$ $7 - 4 = 3$ $6 - 5 = 1$

$14 - 3 = 11$ $18 - 4 = 14$ $19 - 6 = 13$
$4 - 3 = 1$ $8 - 4 = 4$ $9 - 6 = 3$

5 Denke an die kleine Aufgabe. Rechne.

$19 - 2 = 17$ $18 - 4 = 14$ $13 - 1 = 12$
$16 - 3 = 13$ $17 - 1 = 16$ $17 - 2 = 15$
$15 - 4 = 11$ $19 - 3 = 16$ $18 - 3 = 15$

49

Verdoppeln

(1) Immer das Doppelte.

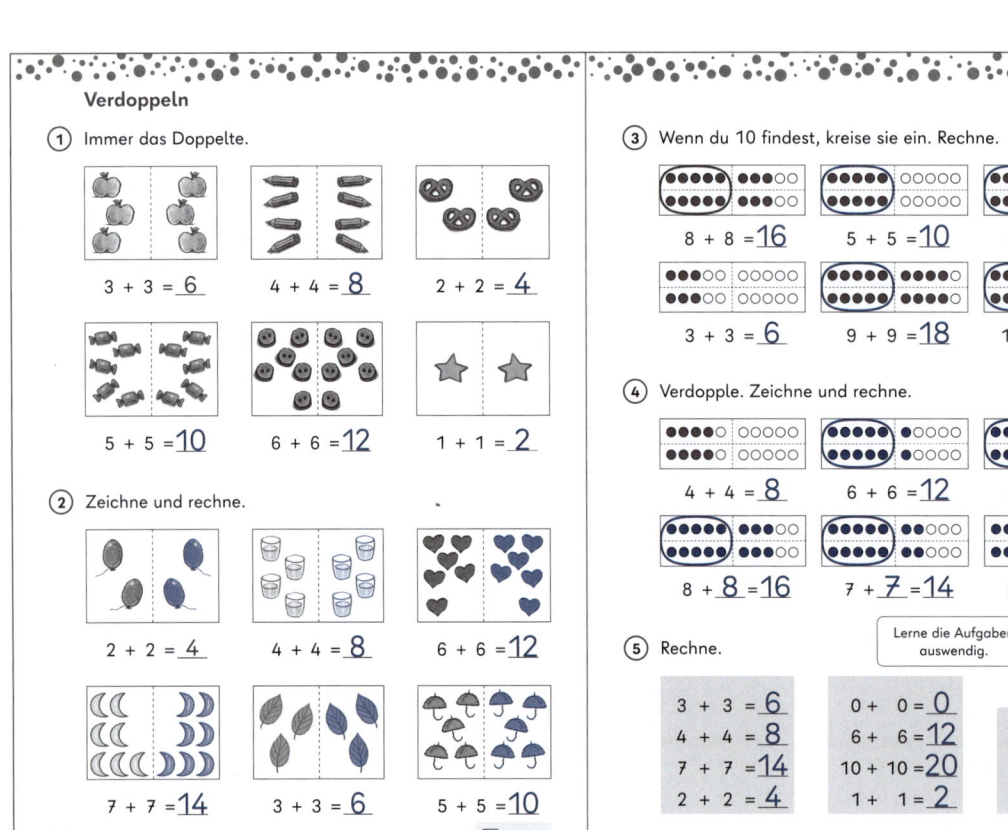

3 + 3 = 6 | 4 + 4 = 8 | 2 + 2 = 4

5 + 5 = 10 | 6 + 6 = 12 | 1 + 1 = 2

(2) Zeichne und rechne.

2 + 2 = 4 | 4 + 4 = 8 | 6 + 6 = 12

7 + 7 = 14 | 3 + 3 = 6 | 5 + 5 = 10

APP Video

(3) Wenn du 10 findest, kreise sie ein. Rechne.

8 + 8 = 16 | 5 + 5 = 10 | 6 + 6 = 12

3 + 3 = 6 | 9 + 9 = 18 | 10 + 10 = 20

(4) Verdopple. Zeichne und rechne.

4 + 4 = 8 | 6 + 6 = 12 | 5 + 5 = 10

8 + 8 = 16 | 7 + 7 = 14 | 2 + 2 = 4

(5) Rechne.

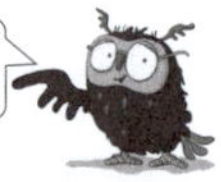

Lerne die Aufgaben auswendig.

3 + 3 = 6
4 + 4 = 8
7 + 7 = 14
2 + 2 = 4

0 + 0 = 0
6 + 6 = 12
10 + 10 = 20
1 + 1 = 2

5 + 5 = 10
8 + 8 = 16
9 + 9 = 18

Halbieren

(1) Halbiere und rechne.

ÄPFEL
BANANEN
BIRNEN
KIWIS
PFIRSICHE
ORANGEN

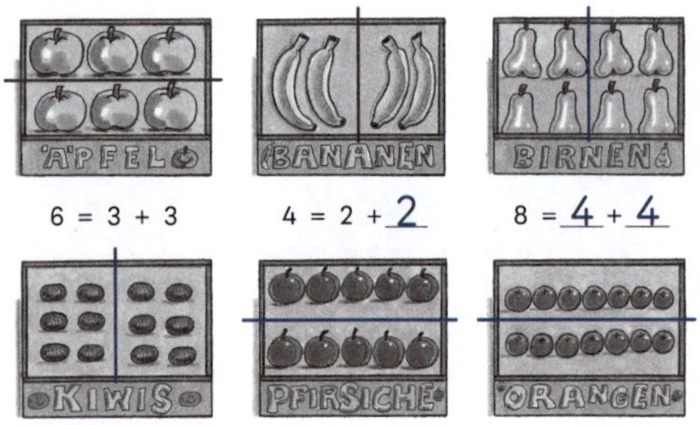

6 = 3 + 3 | 4 = 2 + 2 | 8 = 4 + 4

12 = 6 + 6 | 10 = 5 + 5 | 14 = 7 + 7

(2) Halbiere und rechne.

8 = 4 + 4 | 6 = 3 + 3 | 4 = 2 + 2

12 = 6 + 6 | 14 = 7 + 7 | 10 = 5 + 5

18 = 9 + 9 | 16 = 8 + 8 | 20 = 10 + 10

APP Video

Verdoppeln und Halbieren

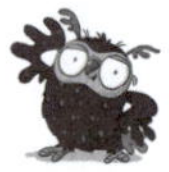

(1) Verdopple und halbiere.

4 + 4 = 8 | 8 = 4 + 4

2 + 2 = 4 | 4 = 2 + 2

8 + 8 = 16 | 16 = 8 + 8

6 + 6 = 12 | 12 = 6 + 6

10 + 10 = 20 | 20 = 10 + 10

(2) Verbinde jede Zahl mit ihrem Doppelten.

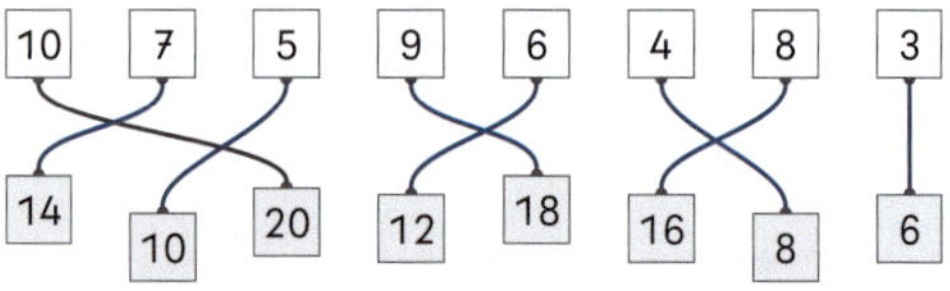

10 7 5 9 6 4 8 3
14 10 20 12 18 16 8 6

(3) Verdopple oder halbiere.

3 + 3 = 6
1 + 1 = 2
8 + 8 = 16

12 = 6 + 6
20 = 10 + 10
14 = 7 + 7

9 + 9 = 18
6 = 3 + 3
10 = 5 + 5

Verwandte Aufgaben ⊕ ⊖

① Rechne und verbinde.

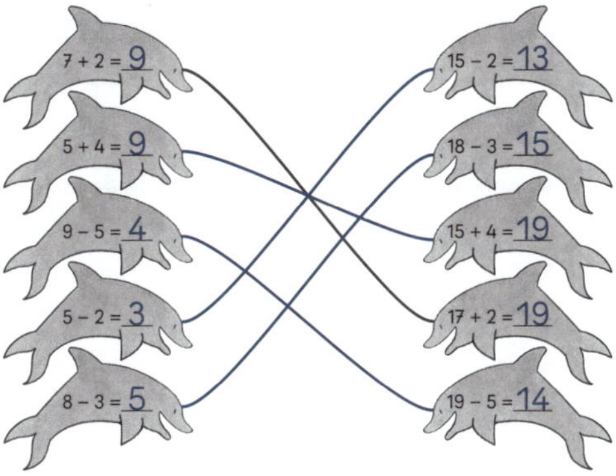

7 + 2 = 9
5 + 4 = 9
9 − 5 = 4
5 − 2 = 3
8 − 3 = 5

15 − 2 = 13
18 − 3 = 15
15 + 4 = 19
17 + 2 = 19
19 − 5 = 14

② Rechne und verbinde.

| 5 − 3 = 2 |
| 9 + 1 = 10 |
| 3 + 6 = 9 |
| 4 + 5 = 9 |
| 7 − 5 = 2 |

| 19 + 1 = 20 |
| 15 − 3 = 12 |
| 13 + 6 = 19 |
| 17 − 5 = 12 |
| 14 + 5 = 19 |

54

Stars-Check: Countdown 10, 9, 8, 7, 6, …

… ⑤ Wie viele sind es? Zeichne und schreibe.

14 = 10 + 4   13 = 10 + 3   17 = 10 + 7

④ Nachbarzahlen

| 12 | 13 | 14 |
| 17 | 18 | 19 |

| 18 | 19 | 20 |
| 13 | 14 | 15 |

| 15 | 16 | 17 |
| 9 | 10 | 11 |

③ Vergleiche: < >

12 < 16   19 > 18   15 > 11

② Kleine und große Aufgabe

6 + 3 = 9   4 + 2 = 6   9 − 5 = 4
16 + 3 = 19   14 + 2 = 16   19 − 5 = 14

① Verdoppeln

4 + 4 = 8   6 + 6 = 12   8 + 8 = 16
9 + 9 = 18   3 + 3 = 6   7 + 7 = 14

⓪ Auf zu neuen Abenteuern!

APP Check

55

Formen erkennen

Male im Teppich alle **Kreise grün**,
alle **Dreiecke blau** und alle **Vierecke rot**.

56   APP Video

Umrisse erkennen (2)

① Findest du die beiden Vögel?
Male sie an.

② Suche den Elefanten.
Male ihn an.

☆ Wie viele Tiere erkennst du auf dem Bild? 8 ☆ ☆

57

Bis zur 10 und weiter ⊕

1 Ergänze zur 10.

$6 + 4 = 10$ $9 + \underline{1} = 10$ $7 + \underline{3} = 10$

$\underline{8} + 2 = 10$ $\underline{4} + 6 = 10$ $\underline{2} + 8 = 10$

2
$9 + \underline{1} = 10$ $3 + \underline{7} = 10$ $5 + \underline{5} = 10$
$2 + \underline{8} = 10$ $7 + \underline{3} = 10$ $4 + \underline{6} = 10$

3 Bis zur 10 und dann weiter

$7 + 3 = \underline{10}$ $9 + 1 = \underline{10}$ $6 + 4 = \underline{10}$

$7 + 4 = \underline{11}$ $9 + 2 = \underline{11}$ $6 + 5 = \underline{11}$

4
$8 + 2 = \underline{10}$ $5 + 5 = \underline{10}$ $3 + 7 = \underline{10}$
$8 + 3 = \underline{11}$ $5 + 6 = \underline{11}$ $4 + 7 = \underline{11}$

58   APP Video 20er-Feld

Bis zur 10 und weiter ⊖

1 Rechne zurück bis zur 10.

$14 - 4 = \underline{10}$ $18 - 8 = \underline{10}$ $13 - \underline{3} = 10$

$\underline{16} - 6 = 10$ $\underline{12} - 2 = 10$ $\underline{17} - 7 = 10$

2
$13 - \underline{3} = 10$ $15 - \underline{5} = 10$ $19 - \underline{9} = 10$
$14 - \underline{4} = 10$ $16 - \underline{6} = 10$ $18 - \underline{8} = 10$

3 Zurück bis zur 10 und dann weiter

$13 - 3 = \underline{10}$ $15 - 5 = \underline{10}$ $12 - 2 = \underline{10}$

$13 - 4 = \underline{9}$ $15 - 6 = \underline{9}$ $12 - 3 = \underline{9}$

4
$17 - 7 = \underline{10}$ $14 - 4 = \underline{10}$ $16 - 6 = \underline{10}$
$17 - 8 = \underline{9}$ $14 - 5 = \underline{9}$ $16 - 7 = \underline{9}$

APP Video 20er-Feld   59

Muster erkennen

In der Gummibärchenfabrik
Welche Farbe hat der nächste Bär?

a)

b)

c)

d)

e)

f)

g)

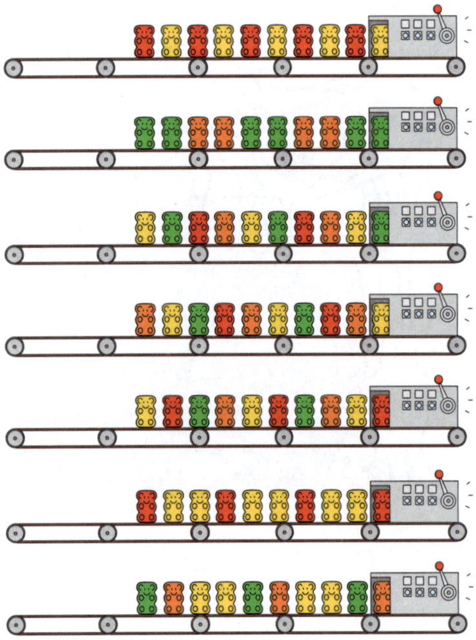

60

Plusaufgaben über die 10 (1)

1

$8 + 5 = \underline{13}$ $7 + 6 = \underline{13}$ $4 + 8 = \underline{12}$
$8 + 2 + 3 = \underline{13}$ $7 + \underline{3} + 3 = \underline{13}$ $4 + \underline{6} + 2 = \underline{12}$

$9 + 7 = \underline{16}$ $3 + 9 = \underline{12}$
$9 + \underline{1} + 6 = \underline{16}$ $3 + \underline{7} + 2 = \underline{12}$

2

$6 + 7 = \underline{13}$ $5 + 9 = \underline{14}$ $4 + 7 = \underline{11}$
$6 + \underline{4} + 3 = \underline{13}$ $\underline{5} + 5 + \underline{4} = \underline{14}$ $\underline{4} + 6 + \underline{1} = \underline{11}$

$8 + 3 = \underline{11}$ $7 + 9 = \underline{16}$
$\underline{8} + 2 + 1 = \underline{11}$ $\underline{7} + 3 + \underline{6} = \underline{16}$

APP 20er-Feld   61

Plusaufgaben über die 10 (2)

①
8 + 6 = 14
8 + 2 + 4 = 14

4 + 9 = 13
4 + 6 + 3 = 13

7 + 8 = 15
7 + 3 + 5 = 15

5 + 7 = 12
5 + 5 + 2 = 12

9 + 5 = 14
9 + 1 + 4 = 14

3 + 8 = 11
3 + 7 + 1 = 11

②
7 + 4 = 11 (3 1)

6 + 8 = 14 (4 4)

9 + 8 = 17 (1 7)

2 + 9 = 11 (8 1)

5 + 9 = 14 (5 4)

6 + 5 = 11 (4 1)

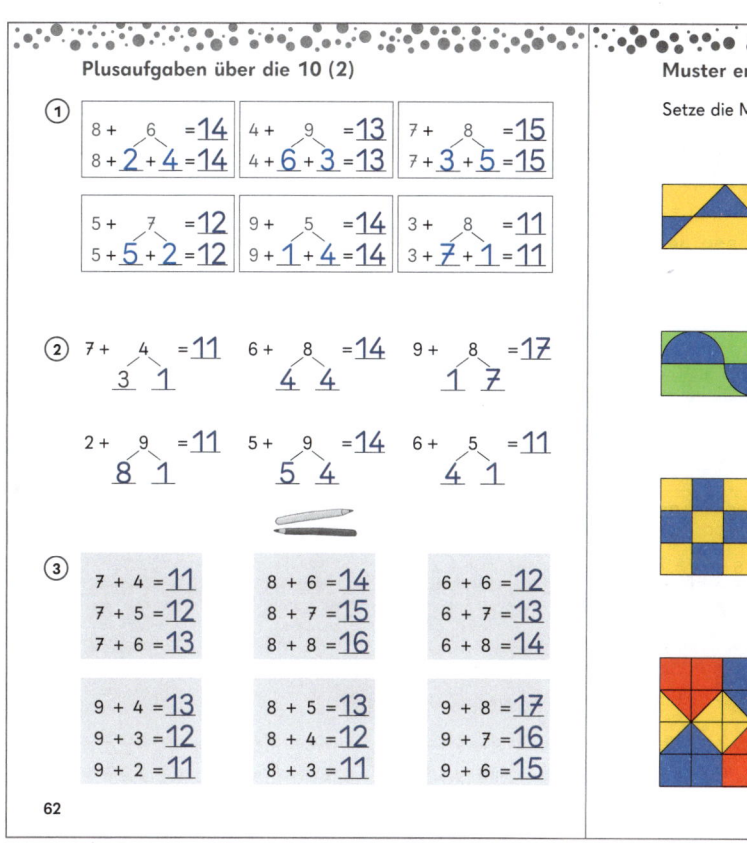

③
7 + 4 = 11
7 + 5 = 12
7 + 6 = 13

8 + 6 = 14
8 + 7 = 15
8 + 8 = 16

6 + 6 = 12
6 + 7 = 13
6 + 8 = 14

9 + 4 = 13
9 + 3 = 12
9 + 2 = 11

8 + 5 = 13
8 + 4 = 12
8 + 3 = 11

9 + 8 = 17
9 + 7 = 16
9 + 6 = 15

62

Muster erkennen und fortsetzen

Setze die Muster fort.

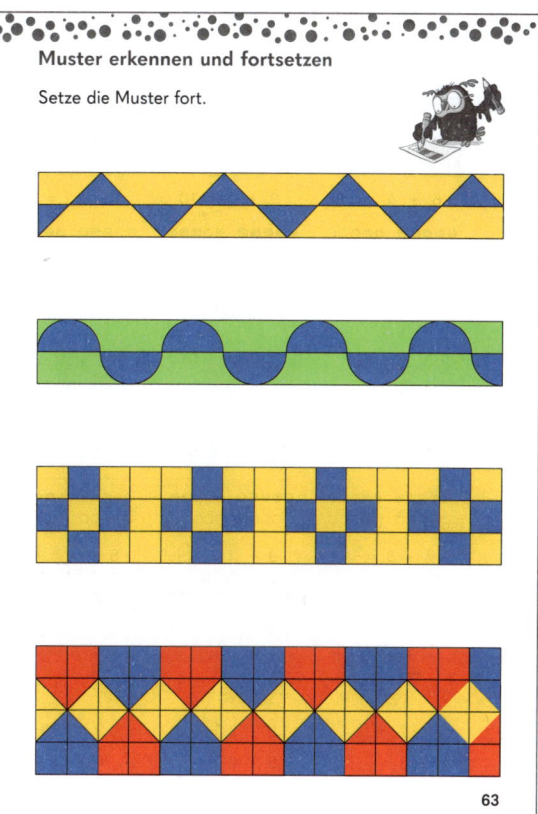

63

Minusaufgaben über die 10

①
13 − 7 = 6
13 − 3 − 4 = 6

12 − 8 = 4
12 − 2 − 6 = 4

13 − 6 = 7
13 − 3 − 3 = 7

11 − 5 = 6
11 − 1 − 4 = 6

15 − 8 = 7
15 − 5 − 3 = 7

②
12 − 4 = 8
12 − 2 − 2 = 8

13 − 8 = 5
13 − 3 − 5 = 5

15 − 6 = 9
15 − 5 − 1 = 9

17 − 9 = 8
17 − 7 − 2 = 8

15 − 9 = 6
15 − 5 − 4 = 6

64

③
16 − 7 = 9
16 − 6 − 1 = 9

14 − 9 = 5
14 − 4 − 5 = 5

15 − 9 = 6
15 − 5 − 4 = 6

13 − 6 = 7
13 − 3 − 3 = 7

17 − 8 = 9
17 − 7 − 1 = 9

11 − 4 = 7
11 − 1 − 3 = 7

④
15 − 8 = 7 (5 3)

14 − 6 = 8 (4 2)

12 − 8 = 4 (2 6)

16 − 9 = 7 (6 3)

13 − 8 = 5 (3 5)

15 − 6 = 9 (5 1)

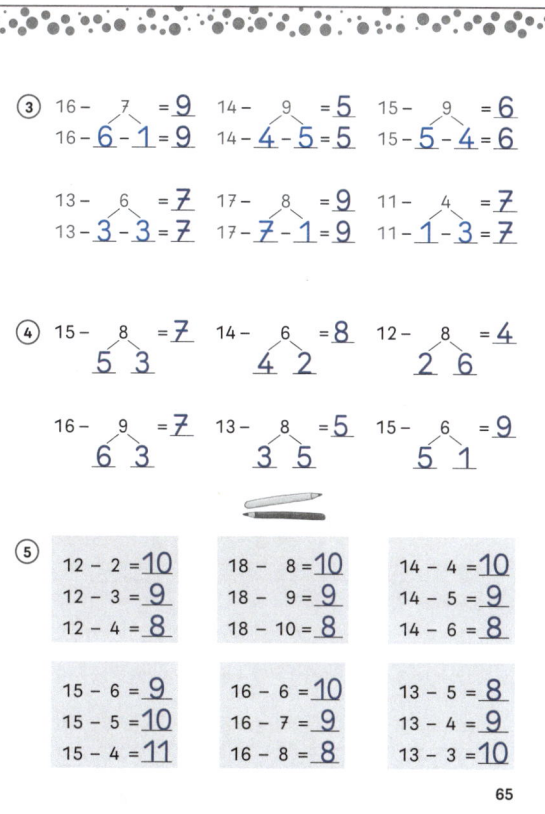

⑤
12 − 2 = 10
12 − 3 = 9
12 − 4 = 8

18 − 8 = 10
18 − 9 = 9
18 − 10 = 8

14 − 4 = 10
14 − 5 = 9
14 − 6 = 8

15 − 6 = 9
15 − 5 = 10
15 − 4 = 11

16 − 6 = 10
16 − 7 = 9
16 − 8 = 8

13 − 5 = 8
13 − 4 = 9
13 − 3 = 10

65

Plusaufgaben üben

1 Färbe Fahnen mit demselben Ergebnis gleich.

2 Rechne.

4 + 7 = 11	9 + 2 = 11	6 + 5 = 11
4+6+1=11	9+1+1=11	6+4+1=11
3 + 9 = 12	7 + 6 = 13	5 + 9 = 14
3+7+2=12	7+3+3=13	5+5+4=14
5 + 8 = 13	9 + 4 = 13	7 + 4 = 11
5+5+3=13	9+1+3=13	7+3+1=11

66

3 Ergänze zur 10 und rechne weiter.

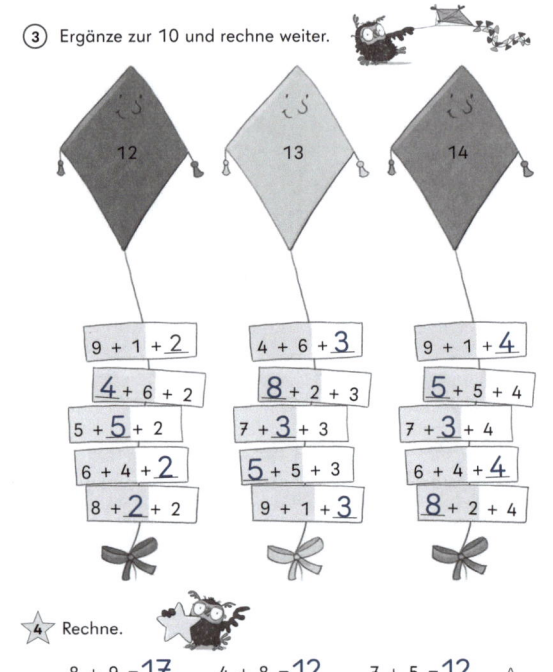

4 Rechne.

8 + 9 = 17	4 + 8 = 12	7 + 5 = 12
9 + 7 = 16	6 + 9 = 15	8 + 3 = 11

67

Minusaufgaben üben

1 Welche Fische gehören zusammen? Male sie in derselben Farbe an.

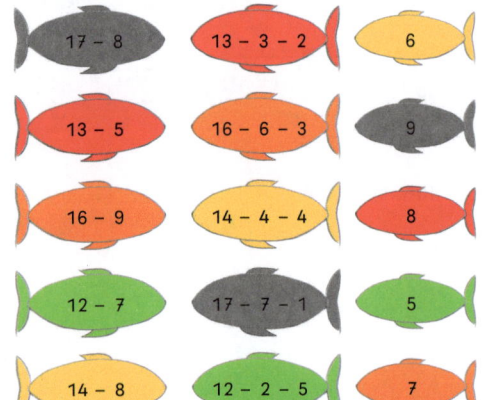

2 Rechne.

12 – 5 = 7	11 – 7 = 4	18 – 9 = 9
12–2–3=7	11–1–6=4	18–8–1=9
15 – 8 = 7	14 – 9 = 5	13 – 6 = 7
15–5–3=7	14–4–5=5	13–3–3=7

68

3 Verbinde gleiche Ergebnisse und färbe sie.

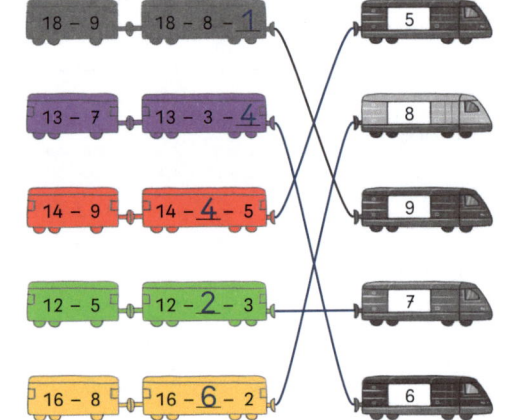

4 Rechne.

16 – 9 = 7	17 – 8 = 9	13 – 9 = 4
14 – 7 = 7	15 – 6 = 9	12 – 6 = 6
11 – 4 = 7	15 – 9 = 6	16 – 7 = 9

69

Figuren nachzeichnen

Merke dir eine Figur und zeichne sie nach.

Und so wird's gemacht:

Merke dir eine Figur aus der linken Spalte.

Falte das Blatt entlang der gestrichelten Linie. Decke die Figur zu.

Zeichne sie rechts nach.

Kontrolliere das Ergebnis.

Stars-Check: Countdown 10, 9, 8, 7, 6, …

… ⑤ Setze das Muster fort.

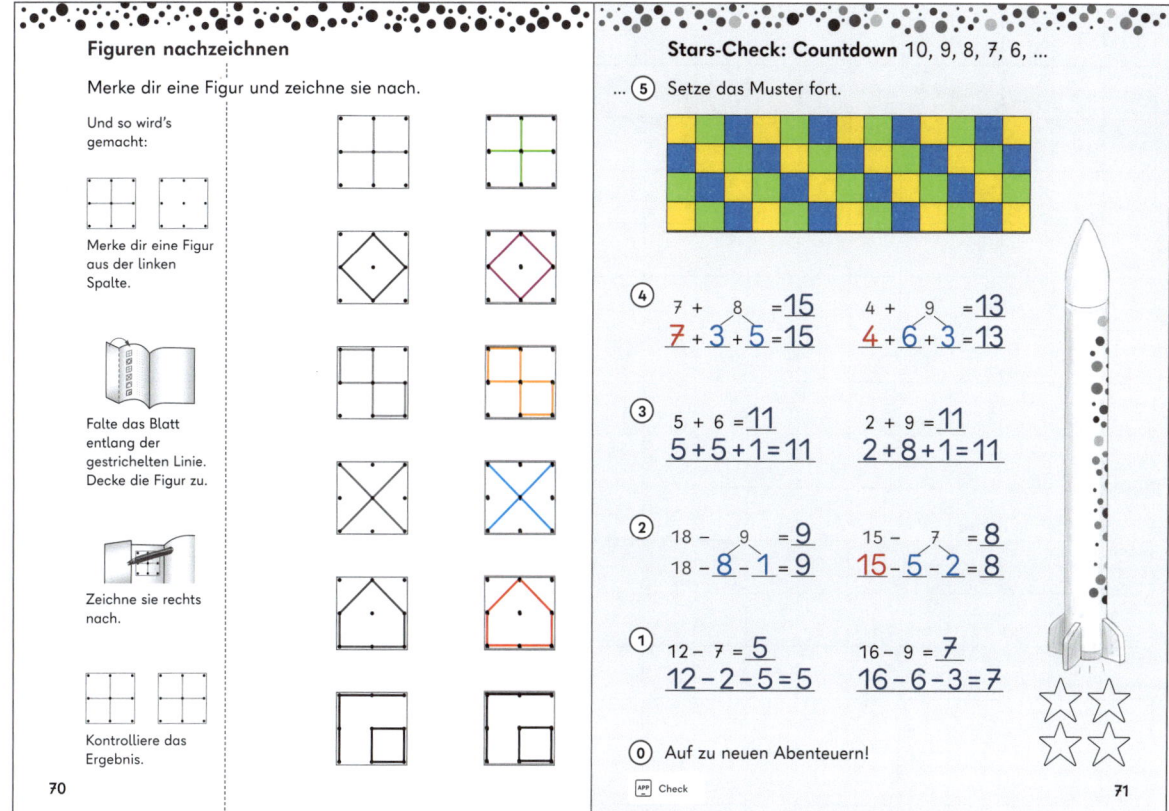

④ $7 + 8 = 15$ $\quad$ $4 + 9 = 13$
$7 + 3 + 5 = 15$ $\quad$ $4 + 6 + 3 = 13$

③ $5 + 6 = 11$ $\quad$ $2 + 9 = 11$
$5 + 5 + 1 = 11$ $\quad$ $2 + 8 + 1 = 11$

② $18 - 9 = 9$ $\quad$ $15 - 7 = 8$
$18 - 8 - 1 = 9$ $\quad$ $15 - 5 - 2 = 8$

① $12 - 7 = 5$ $\quad$ $16 - 9 = 7$
$12 - 2 - 5 = 5$ $\quad$ $16 - 6 - 3 = 7$

⓪ Auf zu neuen Abenteuern!

APP Check

Das Geheimnis des Sternenhimmels

Auflösung Sternbild: Adler

Stars-Check: Countdown 10, 9, 8, 7, 6, 5, …

... ④ Male und rechne.

3 + 4 =____

5 + 3 =____

7 + 2 =____

8 – 3 =____

10 – 6 =____

③ Lege im Kopf. Rechne.

9 + 1 =____   3 + 5 =____   5 + 4 =____

9 – 4 =____   8 – 5 =____   7 – 7 =____

② Aufgabe und Tauschaufgabe

1 +____ =____
4 +____ =____

2 +____ =____
5 +____ =____

① Ergänze.

2 +____ = 5   5 +____ = 10   3 +____ = 6

4 –____ = 1   8 –____ = 5   10 –____ = 2

⓪ Auf zu neuen Abenteuern!

Zahlen bis 20 (1)

① Kreise immer 5 ein. Wie viele sind es?
Verbinde mit der Zahl.

13

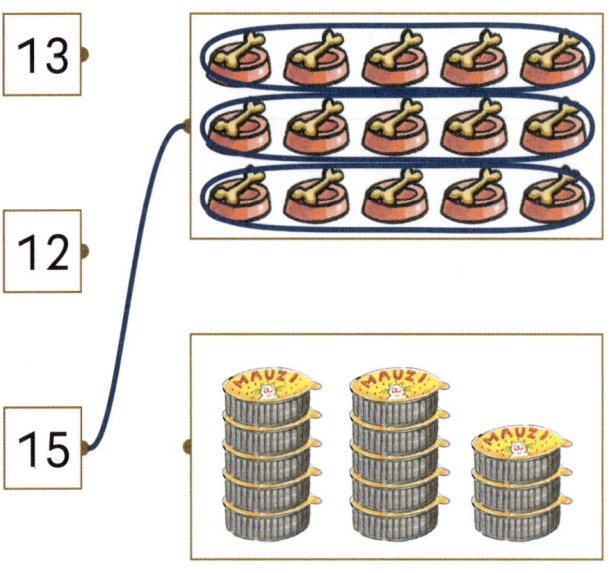

12

15

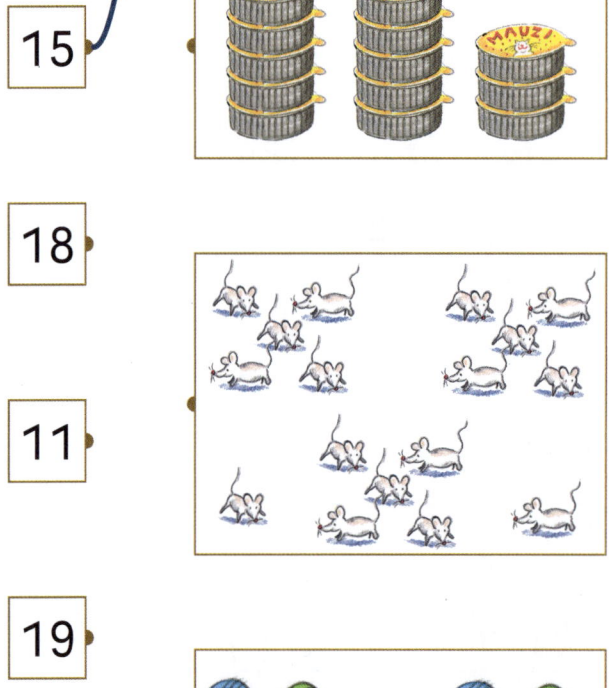

18

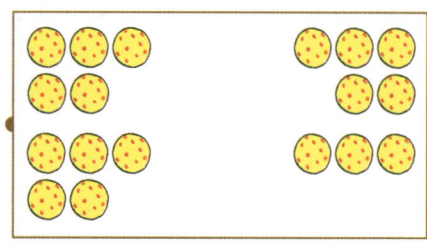

11

19

17

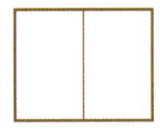    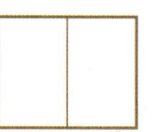 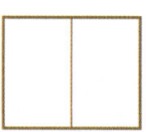

 Video

2 Wie viele sind es? Verbinde Hände und Zahlen.

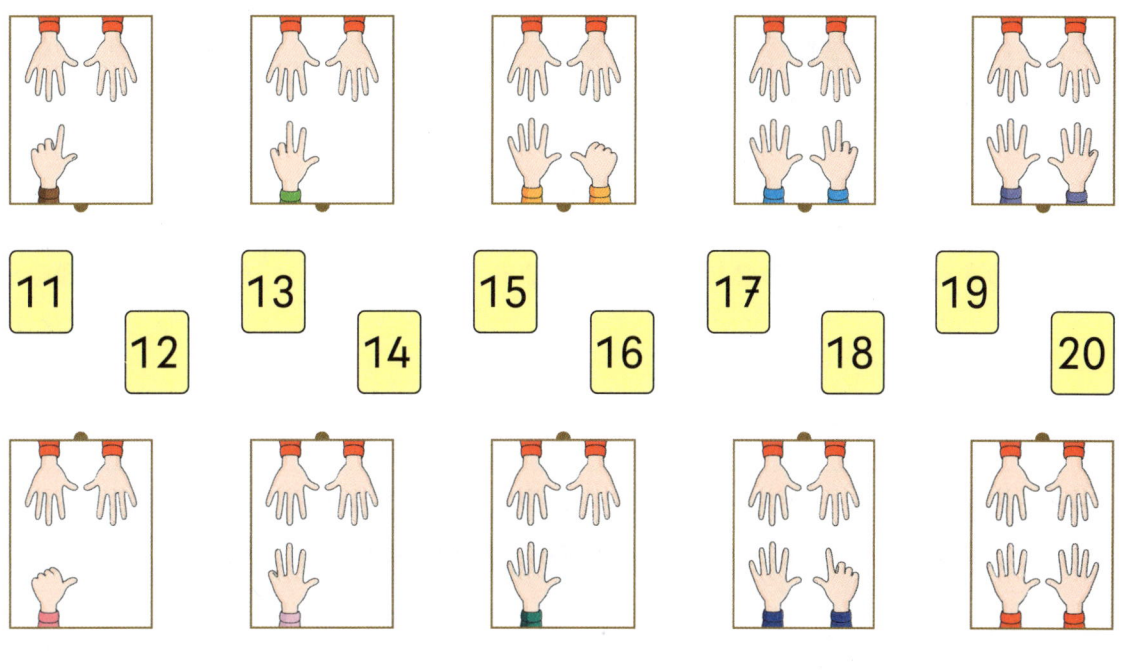

11 12 13 14 15 16 17 18 19 20

3 Wie viele? Schreibe die Zahlen auf.

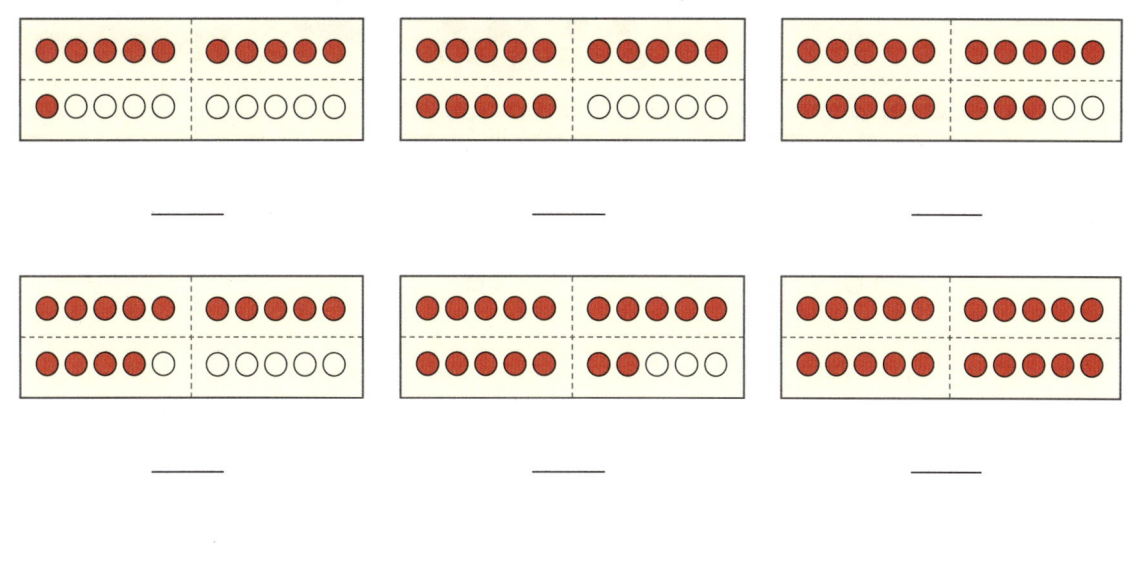

_____   _____   _____

_____   _____   _____

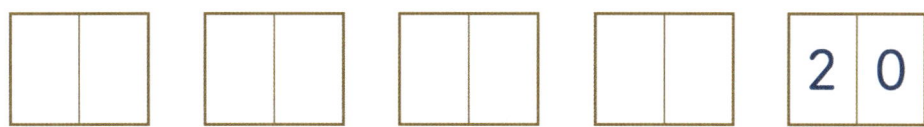

2 0

Zahlen bis 20 (2)

1 Wie viele? Zeichne und rechne.

a)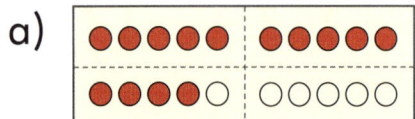

$14 = 10 + 4$

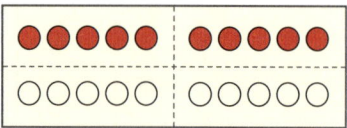

$17 = 10 +\ \underline{7}$

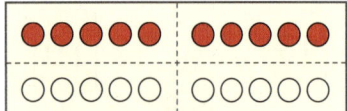

$12 = 10 + \underline{}$

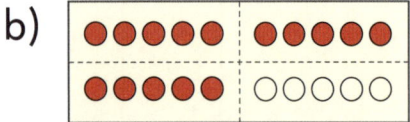

$16 = 10 + \underline{}$

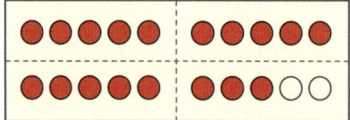

$19 = 10 + \underline{}$

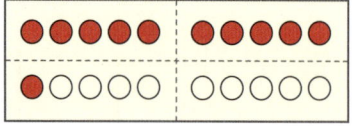

$13 = 10 + \underline{}$

b)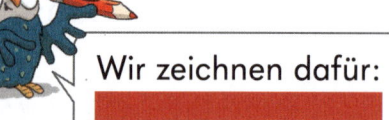

$15 = \underline{}$ $\underline{}$ $\underline{}$

2 Wie viele? Zeichne.

10 Einer sind 1 Zehner.

Wir zeichnen dafür:

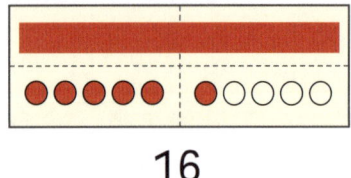

16

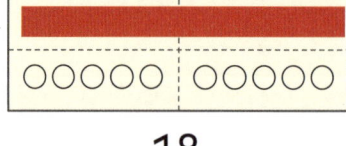

18

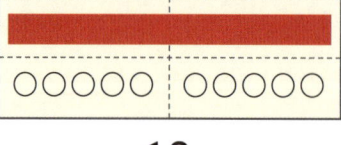

12

14

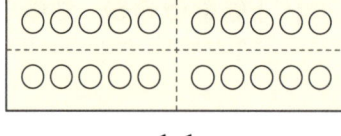

11

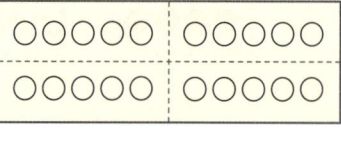

15

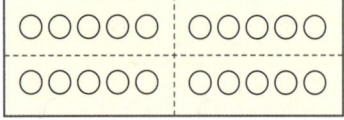

17

13

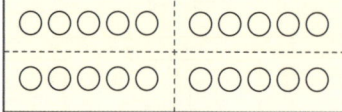

19

Video

3 Verbinde die Kärtchen mit der richtigen Stelle am Zahlenstrahl.

4 Zähle weiter.

6, 7, 8, ____, ____, ____, ____, ____, 14

9, 10, 11, ____, ____, ____, ____, ____, ____, 18

16, 15, 14, ____, ____, ____, ____, ____, 8

20, 19, 18, ____, ____, ____, ____, ____, ____, 11

5 Wie geht es weiter?

1, 3, 5, ____, 9, ____, 13, ____, ____, ____, 21

2, 4, 6, ____, ____, ____, 14, ____, ____, 20

20, 18, 16, ____, ____, 10, ____, ____, ____, ____, 0

6 Kleine Knobelei

20, 17, 14, ____, ____, ____, 2

Nachbarzahlen bis 20

1 Suche die Nachbarn.

14	15
18	
12	
16	

13	
19	
17	
15	

10	11
	15
	14
	12

	19
	16
	20
	13

2 Ergänze.

14	15	16
	18	
	14	
	12	

	13	
	10	
	11	
	16	

18		20
15		17
16		18
13		15

14		16
12		14
17		19
11		13

3 Ergänze.

16	17	18
13		
	18	
		14
		12

15		
	10	
		13
14		
	19	

Zahlen vergleichen

1 Vergleiche: > < =

16 < 19   12 ◯ 11
15 ◯ 17   19 ◯ 15   10 ◯ 10
20 ◯ 11   17 ◯ 18   11 ◯ 14
13 ◯ 10   14 ◯ 17   18 ◯ 20

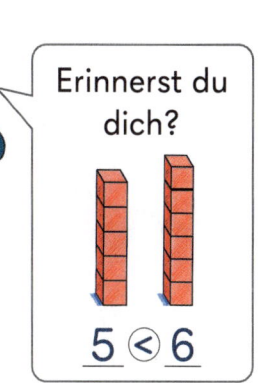

Erinnerst du
dich?

5 < 6

2 Welche Zahl passt? Kreise sie ein.

14 > ?   17 > ?   11 > ?

⊂13⊃ 16 17   18 19 12   13 10 14

15 < ?   16 < ?   18 < ?

11 17 12   15 16 19   10 14 20

3 Welche Zahlen passen? Kreise sie ein.

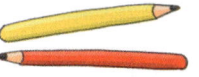

16 > ?   13 < ?   18 > ?

⊂15⊃ 20 ⊂12⊃   11 15 19   20 16 17

12 < ?   15 > ?   17 > ?

18 13 11   16 12 14   15 19 16

Rechts von – links von, über – unter, zwischen

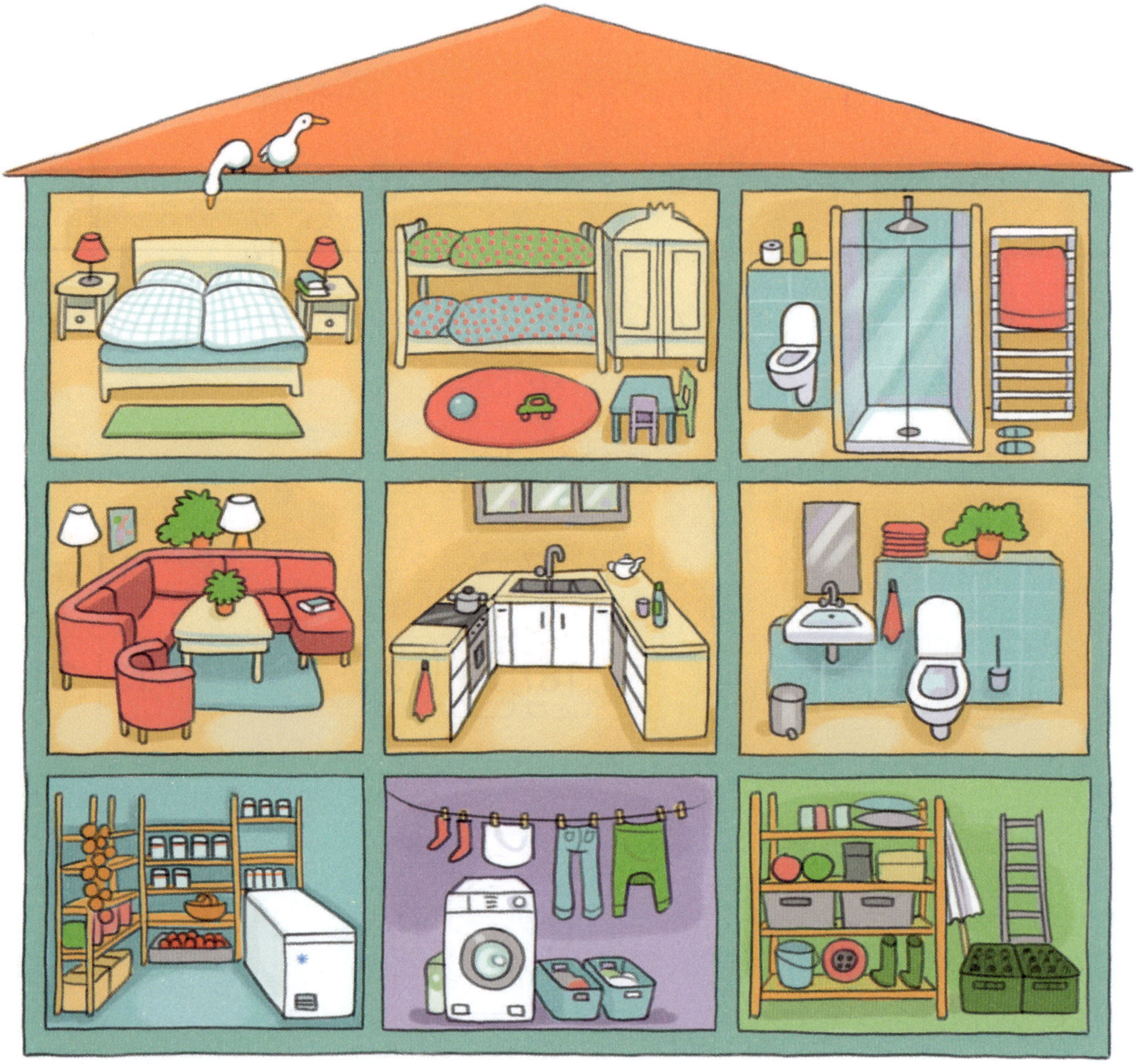

Male nur das richtige Bild an.

(1) Was siehst du rechts von  ?

2 Was siehst du links von  ?

3 Was ist über  ?

4 Was ist zwischen  und  ?

45

1 Rechne.

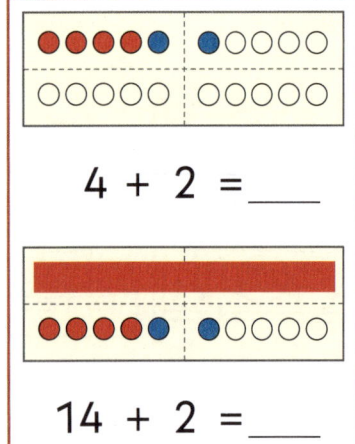

4 + 2 = ___

14 + 2 = ___

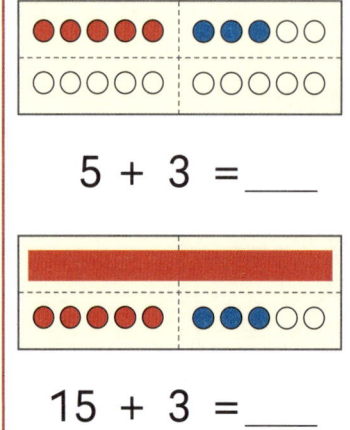

5 + 3 = ___

15 + 3 = ___

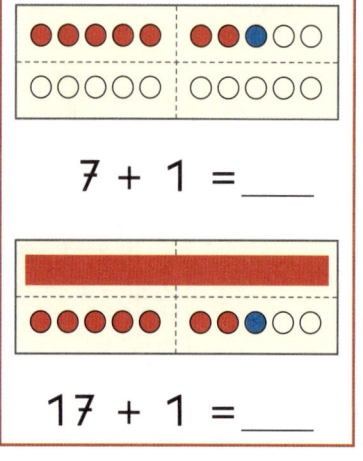

7 + 1 = ___

17 + 1 = ___

2 Zeichne und rechne.

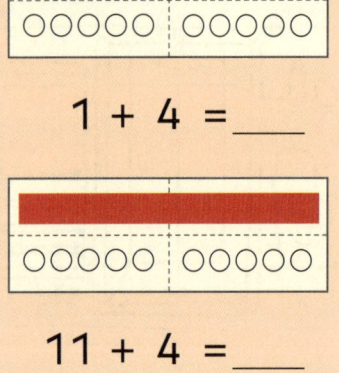

1 + 4 = ___

11 + 4 = ___

3 + 6 = ___

13 + 6 = ___

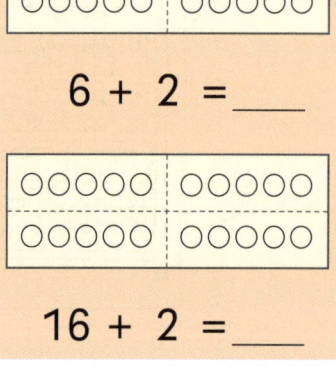

6 + 2 = ___

16 + 2 = ___

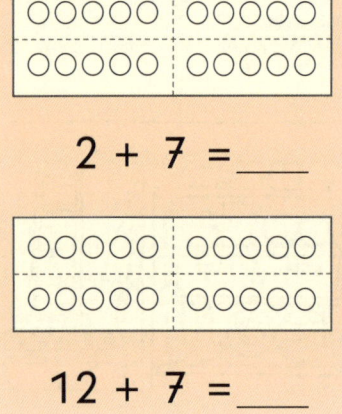

2 + 7 = ___

12 + 7 = ___

1 + 5 = ___

11 + 5 = ___

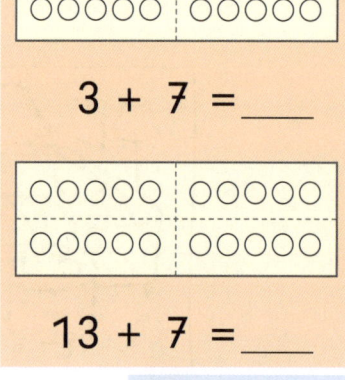

3 + 7 = ___

13 + 7 = ___

Video

③ Welcher Planet gehört zu welcher Rakete? Verbinde.

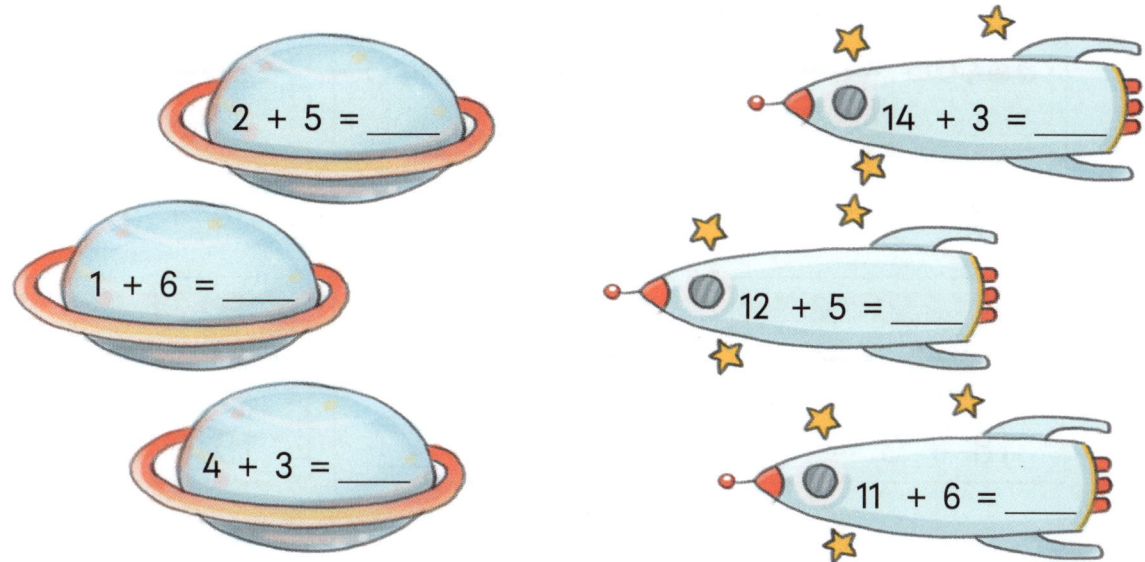

2 + 5 = ___

1 + 6 = ___

4 + 3 = ___

14 + 3 = ___

12 + 5 = ___

11 + 6 = ___

④ Die kleine Aufgabe hilft dir.

12 + 3 = ___	15 + 4 = ___	13 + 6 = ___
2 + 3 = ___	___ + ___ = ___	___ + ___ = ___

11 + 7 = ___	14 + 5 = ___	13 + 7 = ___
___ + ___ = ___	___ + ___ = ___	___ + ___ = ___

16 + 2 = ___	18 + 1 = ___	11 + 5 = ___
___ + ___ = ___	___ + ___ = ___	___ + ___ = ___

⑤ Denke an die kleine Aufgabe. Rechne.

12 + 2 = ___   11 + 4 = ___   14 + 3 = ___

15 + 3 = ___   13 + 2 = ___   13 + 6 = ___

11 + 7 = ___   16 + 1 = ___   16 + 2 = ___

Verwandte Aufgaben ⊖

1 Rechne.

Ich streiche schlau.

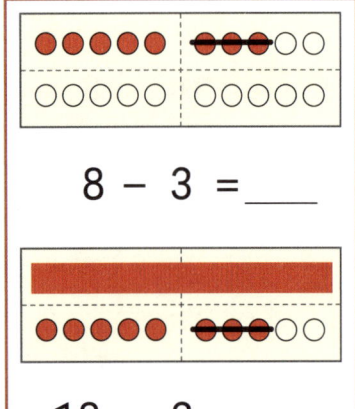

8 – 3 = ___

18 – 3 = ___

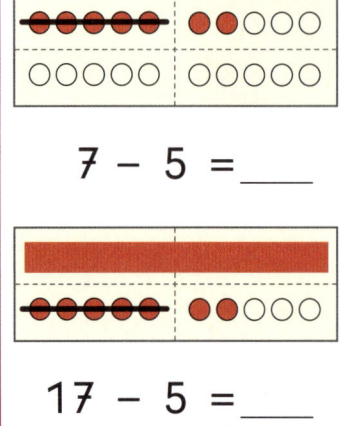

7 – 5 = ___

17 – 5 = ___

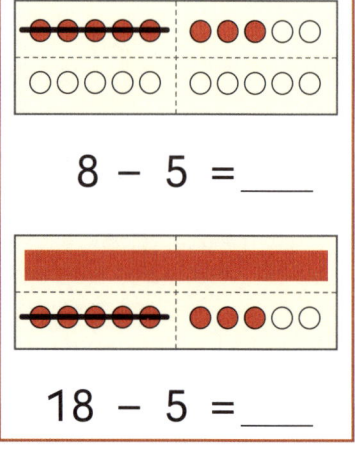

8 – 5 = ___

18 – 5 = ___

2 Zeichne und rechne.

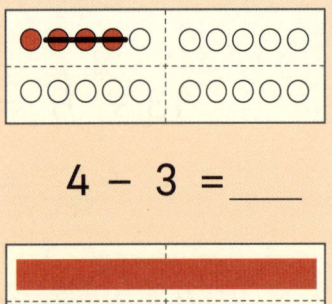

4 – 3 = ___

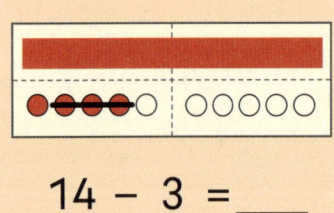

14 – 3 = ___

9 – 5 = ___

19 – 5 = ___

6 – 2 = ___

16 – 2 = ___

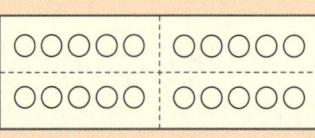

8 – 6 = ___

18 – 6 = ___

7 – 4 = ___

17 – 4 = ___

5 – 2 = ___

15 – 2 = ___

 Video

3 Welcher Planet gehört zu welcher Rakete? Verbinde.

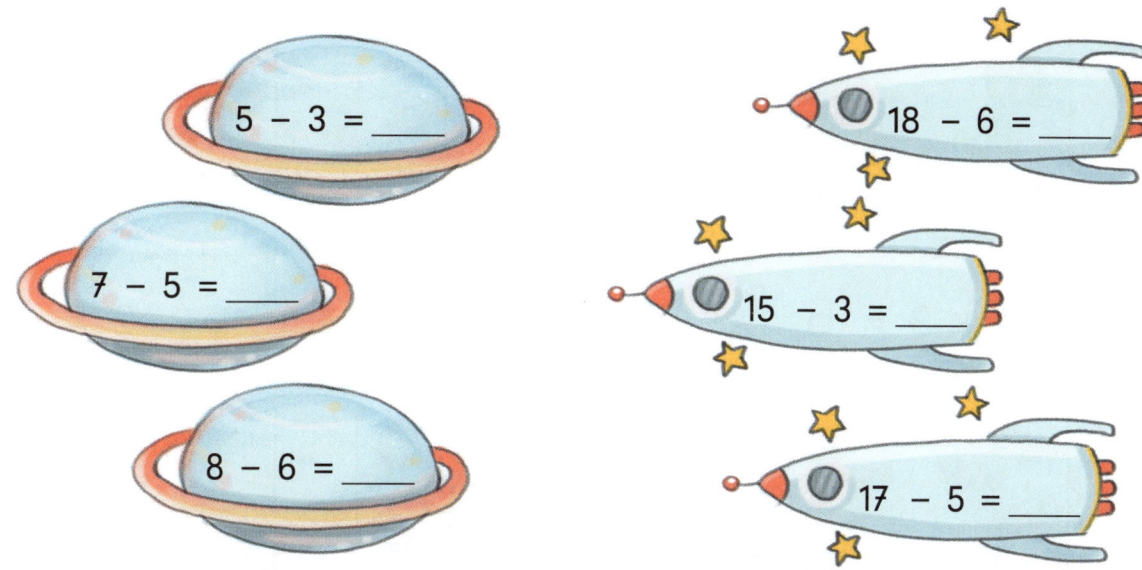

5 – 3 = ____

7 – 5 = ____

8 – 6 = ____

18 – 6 = ____

15 – 3 = ____

17 – 5 = ____

4 Die kleine Aufgabe hilft dir.

13 – 2 = ___	15 – 4 = ___	16 – 3 = ___
3 – 2 = ___	___ – ___ = ___	___ – ___ = ___
18 – 5 = ___	17 – 4 = ___	16 – 5 = ___
___ – ___ = ___	___ – ___ = ___	___ – ___ = ___
14 – 3 = ___	18 – 4 = ___	19 – 6 = ___
___ – ___ = ___	___ – ___ = ___	___ – ___ = ___

5 Denke an die kleine Aufgabe. Rechne.

19 – 2 = ___   18 – 4 = ___   13 – 1 = ___

16 – 3 = ___   17 – 1 = ___   17 – 2 = ___

15 – 4 = ___   19 – 3 = ___   18 – 3 = ___

Verdoppeln

1 Immer das Doppelte.

 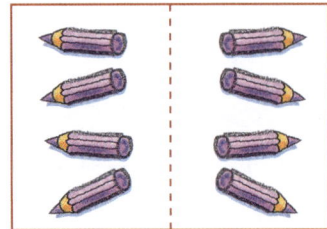 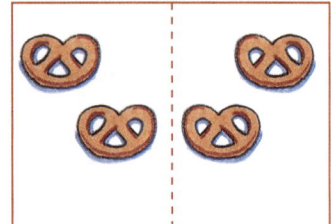

3 + 3 = _6_   4 + 4 = ___   2 + 2 = ___

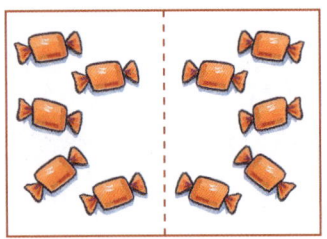  

5 + 5 = ___   6 + 6 = ___   1 + 1 = ___

2 Zeichne und rechne.

 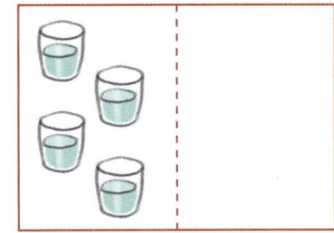 

2 + 2 = _4_   4 + 4 = ___   6 + 6 = ___

 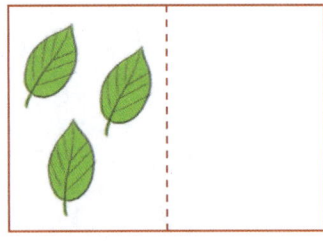 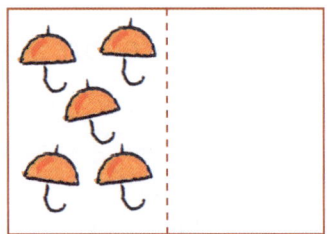

7 + 7 = ___   3 + 3 = ___   5 + 5 = ___

 Video

3 Wenn du 10 findest, kreise sie ein. Rechne.

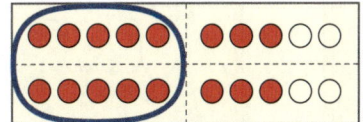 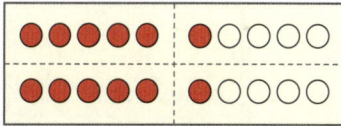

8 + 8 = ___   5 + 5 = ___   6 + 6 = ___

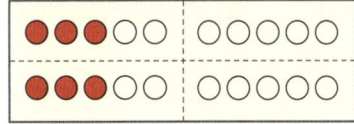

3 + 3 = ___   9 + 9 = ___   10 + 10 = ___

4 Verdopple. Zeichne und rechne.

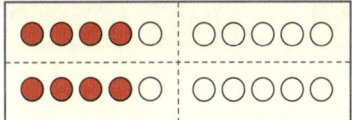 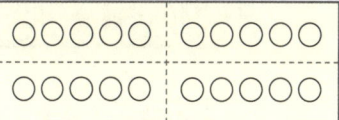

4 + 4 = ___   6 + 6 = ___   5 + 5 = ___

8 + ___ = ___   7 + ___ = ___   2 + ___ = ___

5 Rechne.

Lerne die Aufgaben auswendig.

3 + 3 = ___   0 + 0 = ___
4 + 4 = ___   6 + 6 = ___   5 + 5 = ___
7 + 7 = ___   10 + 10 = ___   8 + 8 = ___
2 + 2 = ___   1 + 1 = ___   9 + 9 = ___

Halbieren

① Halbiere und rechne.

$6 = 3 + 3$ $\qquad$ $4 = 2 + \underline{\quad}$ $\qquad$ $8 = \underline{\quad} + \underline{\quad}$

$12 = \underline{\quad} + \underline{\quad}$ $\qquad$ $10 = \underline{\quad} + \underline{\quad}$ $\qquad$ $14 = \underline{\quad} + \underline{\quad}$

② Halbiere und rechne.

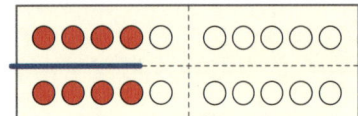
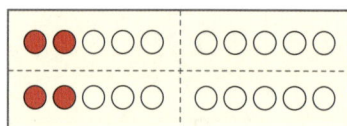

$8 = 4 + 4$ $\qquad$ $6 = 3 + \underline{\quad}$ $\qquad$ $4 = \underline{\quad} + \underline{\quad}$

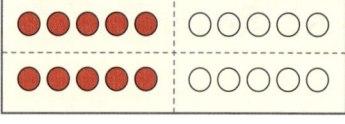

$12 = \underline{\quad} + \underline{\quad}$ $\qquad$ $\underline{\quad} = \underline{\quad} + \underline{\quad}$ $\qquad$ $\underline{\quad} = \underline{\quad} + \underline{\quad}$

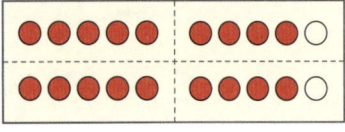
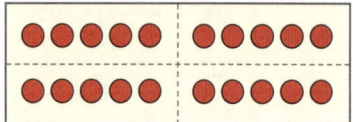

$\underline{\quad} = \underline{\quad} + \underline{\quad}$ $\qquad$ $\underline{\quad} = \underline{\quad} + \underline{\quad}$ $\qquad$ $\underline{\quad} = \underline{\quad} + \underline{\quad}$

Video

Verdoppeln und Halbieren

1 Verdopple und halbiere.

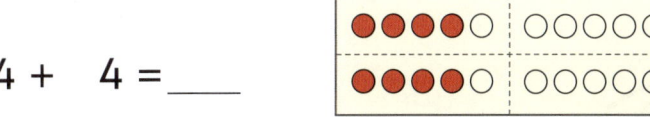

4 + 4 = ___   8 = ___ + ___

2 + 2 = ___   4 = ___ + ___

8 + 8 = ___   16 = ___ + ___

6 + 6 = ___   12 = ___ + ___

10 + 10 = ___   20 = ___ + ___

2 Verbinde jede Zahl mit ihrem Doppelten.

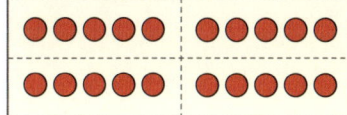

| 10 | 7 | 5 | 9 | 6 | 4 | 8 | 3 |

14   10   20   12   18   16   8   6

3 Verdopple oder halbiere.

3 + 3 = ___   12 = ___ + ___   9 + 9 = ___

1 + 1 = ___   20 = ___ + ___   6 = ___ + ___

8 + 8 = ___   14 = ___ + ___   10 = ___ + ___

Verwandte Aufgaben ⊕ ⊖

1 Rechne und verbinde.

7 + 2 = ___

5 + 4 = ___

9 – 5 = ___

5 – 2 = ___

8 – 3 = ___

15 – 2 = ___

18 – 3 = ___

15 + 4 = ___

17 + 2 = ___

19 – 5 = ___

2 Rechne und verbinde.

5 – 3 = ___

9 + 1 = ___

3 + 6 = ___

4 + 5 = ___

7 – 5 = ___

19 + 1 = ___

15 – 3 = ___

13 + 6 = ___

17 – 5 = ___

14 + 5 = ___

Stars-Check: Countdown 10, 9, 8, 7, 6, ...

... **(5)** Wie viele sind es? Zeichne und schreibe.

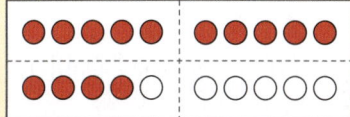   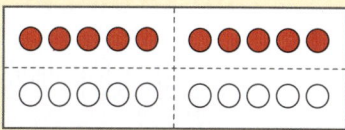

14 = 10 +____   13 = 10 +____   17 = 10 +____

(4) Nachbarzahlen

	13	
		19

18		
	14	

15		
		11

(3) Vergleiche: < >

12 ◯ 16   19 ◯ 18   15 ◯ 11

(2) Kleine und große Aufgabe

6 + 3 =____   4 + 2 =____   9 − 5 =____

16 + 3 =____   14 + 2 =____   19 − 5 =____

(1) Verdoppeln

4 + 4 =____   6 + 6 =____   8 + 8 =____

9 + 9 =____   3 + 3 =____   7 + 7 =____

(0) Auf zu neuen Abenteuern!

Formen erkennen

Male im Teppich alle **Kreise grün**,
alle **Dreiecke blau** und alle **Vierecke rot**.

Video

1 Findest du die beiden Vögel?
Male sie an.

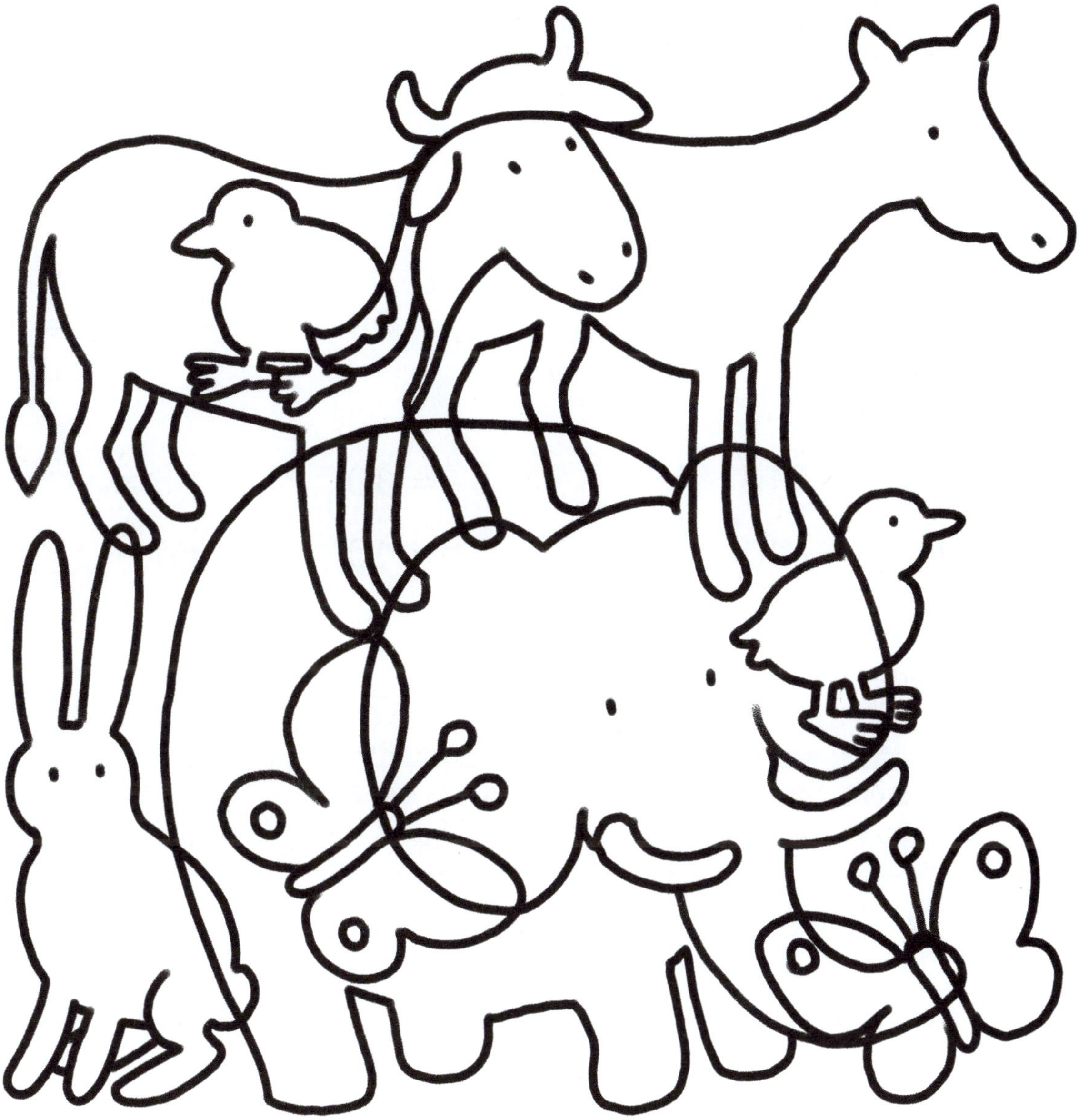

2 Suche den Elefanten.
Male ihn an.

 3 Wie viele Tiere erkennst du auf dem Bild?

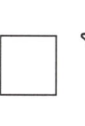

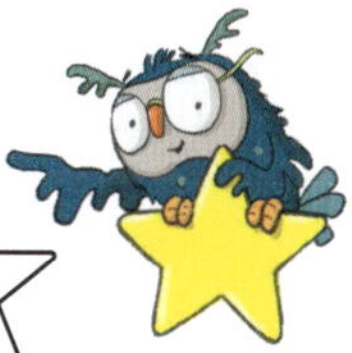

Bis zur 10 und weiter ⊕

1 Ergänze zur 10.

6 + 4 = 10   9 + ___ = 10   7 + ___ = 10

___ + ___ = 10   ___ + ___ = 10   ___ + ___ = 10

2

9 + ___ = 10   3 + ___ = 10   5 + ___ = 10

2 + ___ = 10   7 + ___ = 10   4 + ___ = 10

3 Bis zur 10 und dann weiter

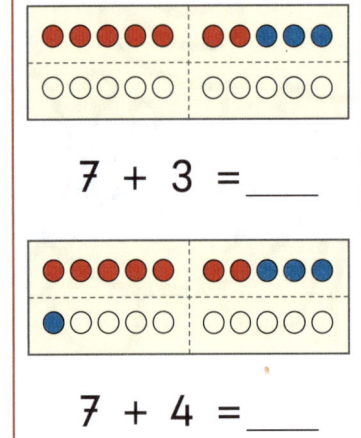

7 + 3 = ___

7 + 4 = ___

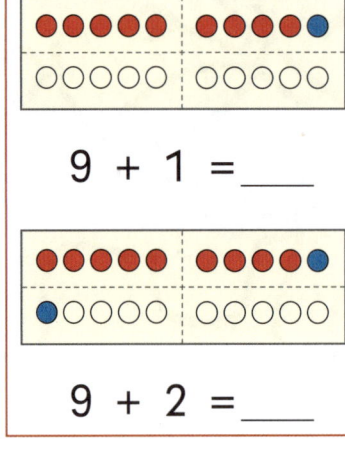

9 + 1 = ___

9 + 2 = ___

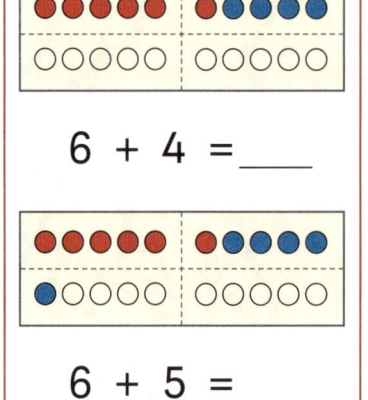

6 + 4 = ___

6 + 5 = ___

4

8 + 2 = ___   5 + 5 = ___   3 + 7 = ___

8 + 3 = ___   5 + 6 = ___   4 + 7 = ___

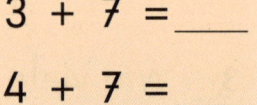  Video 20er-Feld

Bis zur 10 und weiter $\ominus$

1 Rechne zurück bis zur 10.

14 – 4 = ___   18 – 8 = ___   13 – ___ = 10

___ – ___ = 10   ___ – ___ = 10   ___ – ___ = 10

2

13 – ___ = 10   15 – ___ = 10   19 – ___ = 10

14 – ___ = 10   16 – ___ = 10   18 – ___ = 10

3 Zurück bis zur 10 und dann weiter

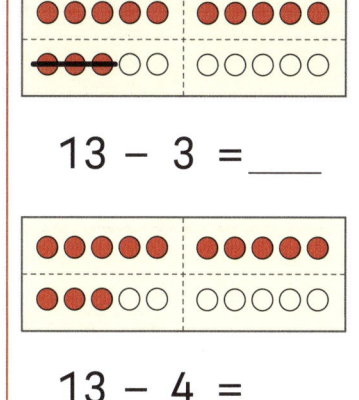

13 – 3 = ___   15 – 5 = ___   12 – 2 = ___

13 – 4 = ___   15 – 6 = ___   12 – 3 = ___

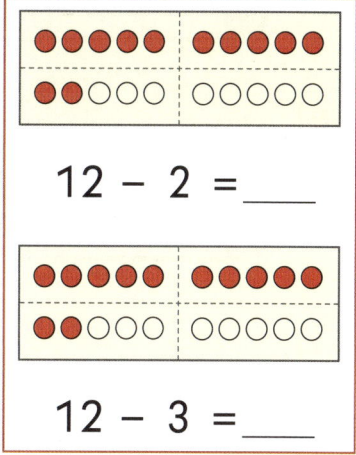

4

17 – 7 = ___   14 – 4 = ___   16 – 6 = ___

17 – 8 = ___   14 – 5 = ___   16 – 7 = ___

Muster erkennen

In der Gummibärchenfabrik
Welche Farbe hat der nächste Bär?

a)

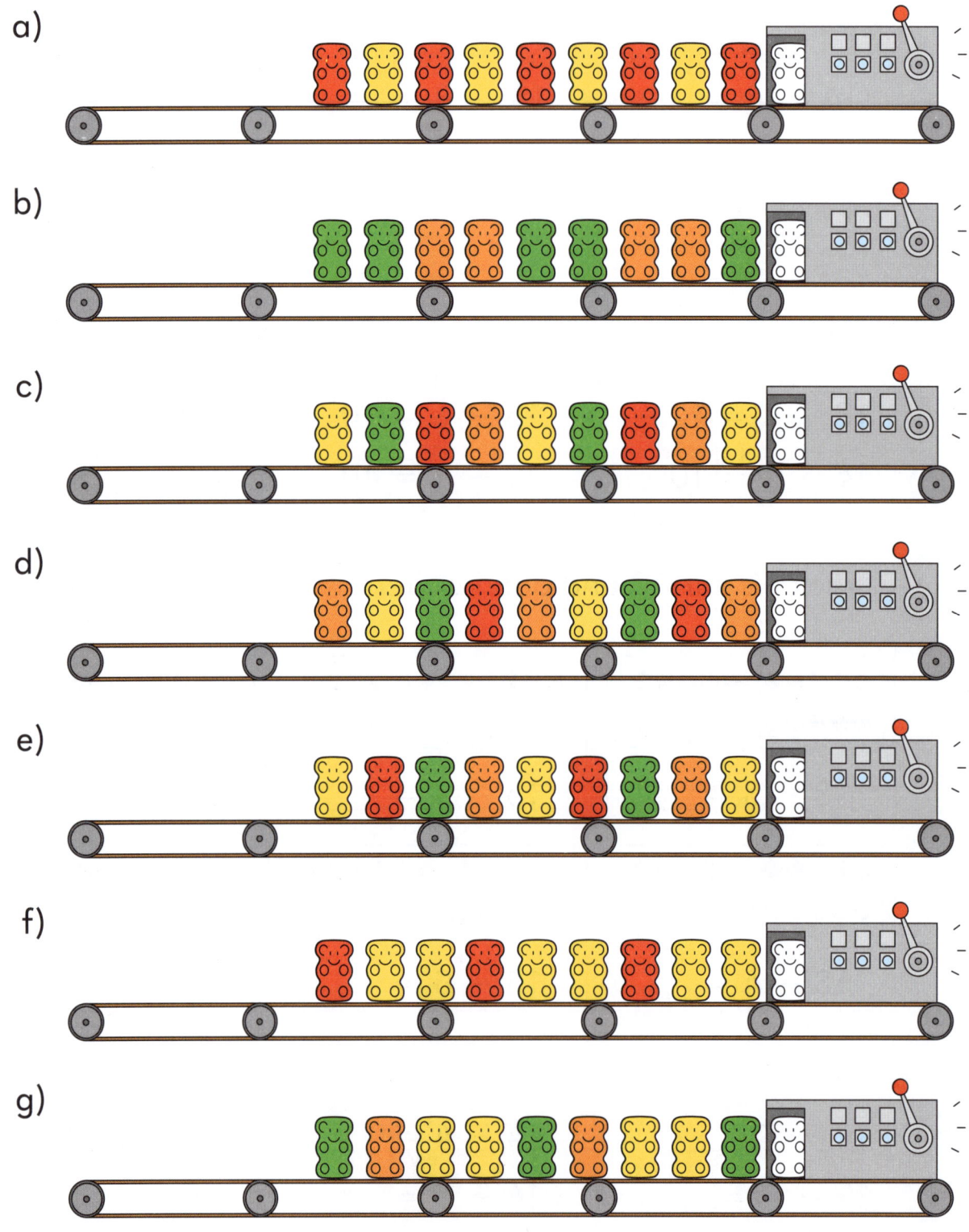

b)

c)

d)

e)

f)

g)

Plusaufgaben über die 10 (1)

1

$8 + 5 = \_\_\_$

$8 + 2 + 3 = \_\_\_$

$7 + 6 = \_\_\_$

$7 + \_\_ + \_\_ = \_\_\_$

$4 + 8 = \_\_\_$

$4 + \_\_ + \_\_ = \_\_\_$

$9 + 7 = \_\_\_$

$9 + \_\_ + \_\_ = \_\_\_$

$3 + 9 = \_\_\_$

$3 + \_\_ + \_\_ = \_\_\_$

2

$6 + 7 = \_\_\_$

$6 + \_\_ + \_\_ = \_\_\_$

$5 + 9 = \_\_\_$

$\_\_ + \_\_ + \_\_ = \_\_\_$

$4 + 7 = \_\_\_$

$\_\_ + \_\_ + \_\_ = \_\_\_$

$8 + 3 = \_\_\_$

$\_\_ + \_\_ + \_\_ = \_\_\_$

$7 + 9 = \_\_\_$

$\_\_ + \_\_ + \_\_ = \_\_\_$

Plusaufgaben über die 10 (2)

①

8 + ⌄6 = ___	4 + ⌄9 = ___	7 + ⌄8 = ___
8 + ___ + ___ = ___	4 + ___ + ___ = ___	7 + ___ + ___ = ___

5 + ⌄7 = ___	9 + ⌄5 = ___	3 + ⌄8 = ___
5 + ___ + ___ = ___	9 + ___ + ___ = ___	3 + ___ + ___ = ___

②

7 + ⌄4 = ___ 6 + ⌄8 = ___ 9 + ⌄8 = ___

3 ___ ___ ___ ___ ___

2 + ⌄9 = ___ 5 + ⌄9 = ___ 6 + ⌄5 = ___

___ ___ ___ ___ ___ ___

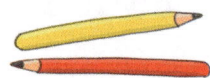

③

7 + 4 = ___	8 + 6 = ___	6 + 6 = ___
7 + 5 = ___	8 + 7 = ___	6 + 7 = ___
7 + 6 = ___	8 + 8 = ___	6 + 8 = ___

9 + 4 = ___	8 + 5 = ___	9 + 8 = ___
9 + 3 = ___	8 + 4 = ___	9 + 7 = ___
9 + 2 = ___	8 + 3 = ___	9 + 6 = ___

Muster erkennen und fortsetzen

Setze die Muster fort.

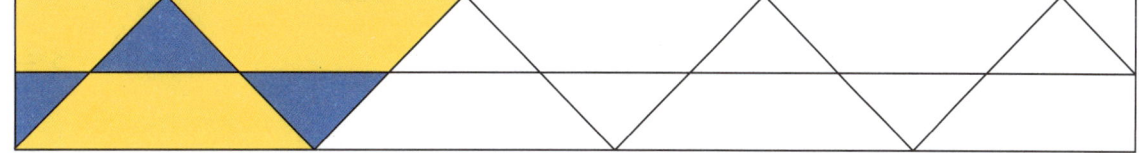

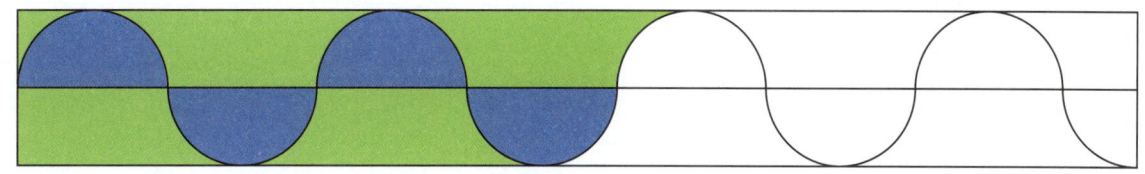

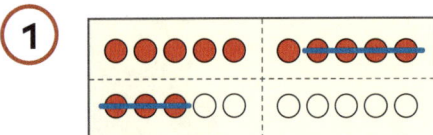

Minusaufgaben über die 10

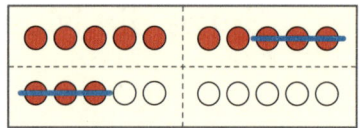

1

13 − 7 = ___
13 − 3 − 4 = ___

12 − 8 = ___
12 − 2 − 6 = ___

13 − 6 = ___
13 − 3 − 3 = ___

11 − 5 = ___
11 − 1 − 4 = ___

15 − 8 = ___
15 − 5 − 3 = ___

2

12 − 4 = ___
12 − 2 − 2 = ___

13 − 8 = ___
13 − ___ − ___ = ___

15 − 6 = ___
15 − ___ − ___ = ___

17 − 9 = ___
17 − ___ − ___ = ___

15 − 9 = ___
15 − ___ − ___ = ___

20er-Feld

3 16 – 7 = ___   14 – 9 = ___   15 – 9 = ___
16 – ___ – ___ = ___   14 – ___ – ___ = ___   15 – ___ – ___ = ___

13 – 6 = ___   17 – 8 = ___   11 – 4 = ___
13 – ___ – ___ = ___   17 – ___ – ___ = ___   11 – ___ – ___ = ___

4 15 – 8 = ___   14 – 6 = ___   12 – 8 = ___
___ ___   ___ ___   ___ ___

16 – 9 = ___   13 – 8 = ___   15 – 6 = ___
___ ___   ___ ___   ___ ___

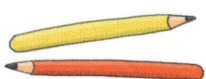

5

12 – 2 = ___	18 – 8 = ___	14 – 4 = ___
12 – 3 = ___	18 – 9 = ___	14 – 5 = ___
12 – 4 = ___	18 – 10 = ___	14 – 6 = ___

15 – 6 = ___	16 – 6 = ___	13 – 5 = ___
15 – 5 = ___	16 – 7 = ___	13 – 4 = ___
15 – 4 = ___	16 – 8 = ___	13 – 3 = ___

Plusaufgaben üben

1 Färbe Fahnen mit demselben Ergebnis gleich.

8 + 3	8 + 2 + 2	12
8 + 4	8 + 2 + 1	11
8 + 5	8 + 2 + 3	14
8 + 6	8 + 2 + 5	15
8 + 7	8 + 2 + 4	13

2 Rechne.

4 + 7 = <u>11</u>

<u>4 + 6 + 1 = 11</u>

9 + 2 = ___

_____

6 + 5 = ___

_____

3 + 9 = ___

_____

7 + 6 = ___

_____

5 + 9 = ___

_____

5 + 8 = ___

_____

9 + 4 = ___

_____

7 + 4 = ___

_____

3 Ergänze zur 10 und rechne weiter.

12

9 + 1 + _2_

___ + 6 + 2

5 + ___ + 2

6 + 4 + ___

8 + ___ + 2

13

4 + 6 + ___

___ + 2 + 3

7 + ___ + 3

___ + 5 + 3

9 + 1 + ___

14

9 + 1 + ___

___ + 5 + 4

7 + ___ + 4

6 + 4 + ___

___ + 2 + 4

4 Rechne.

8 + 9 = ___   4 + 8 = ___   7 + 5 = ___

9 + 7 = ___   6 + 9 = ___   8 + 3 = ___

Minusaufgaben üben

1 Welche Fische gehören zusammen? Male sie in derselben Farbe an.

17 – 8	13 – 3 – 2	6
13 – 5	16 – 6 – 3	9
16 – 9	14 – 4 – 4	8
12 – 7	17 – 7 – 1	5
14 – 8	12 – 2 – 5	7

2 Rechne.

12 – 5 = _7_   11 – 7 = ___   18 – 9 = ___
12 – 2 – 3 = 7

15 – 8 = ___   14 – 9 = ___   13 – 6 = ___

3 Verbinde gleiche Ergebnisse und färbe sie.

18 – 9 — 18 – 8 – ___

13 – 7 — 13 – 3 – ___

14 – 9 — 14 – ___ – 5

12 – 5 — 12 – ___ – 3

16 – 8 — 16 – ___ – 2

5

8

9

7

6

 **4** Rechne.

16 – 9 = ___   17 – 8 = ___   13 – 9 = ___

14 – 7 = ___   15 – 6 = ___   12 – 6 = ___

11 – 4 = ___   15 – 9 = ___   16 – 7 = ___

Figuren nachzeichnen

Merke dir eine Figur und zeichne sie nach.

Und so wird's gemacht:

Merke dir eine Figur aus der linken Spalte.

Falte das Blatt entlang der gestrichelten Linie. Decke die Figur zu.

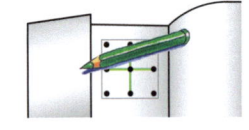

Zeichne sie rechts nach.

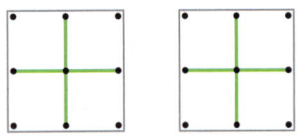

Kontrolliere das Ergebnis.

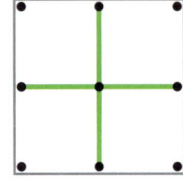 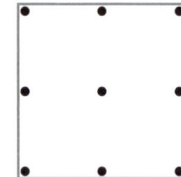

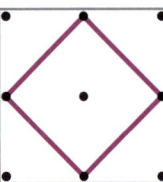 

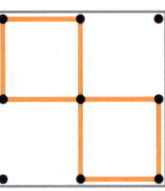 

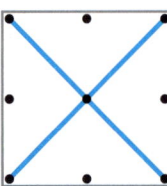 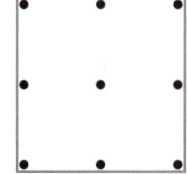

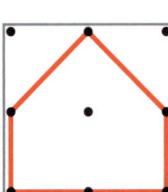 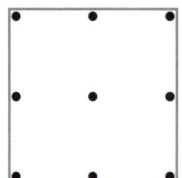

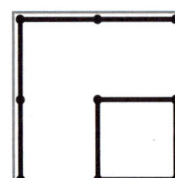 

Stars-Check: Countdown 10, 9, 8, 7, 6, ...

... **(5)** Setze das Muster fort.

(4)

7 + 8 = ___

___ + ___ + ___ = ___

4 + 9 = ___

___ + ___ + ___ = ___

(3)

5 + 6 = ___

_____

2 + 9 = ___

_____

(2)

18 − 9 = ___

18 − ___ − ___ = ___

15 − 7 = ___

___ − ___ − ___ = ___

(1)

12 − 7 = ___

_____

16 − 9 = ___

_____

(0) Auf zu neuen Abenteuern!

Mathe-Stars

Mathe-Stars Grundlagentraining 1

Erarbeitet von: Petra Ihn-Huber, Stefan Kobr, Christine Kullen und Beatrix Pütz
Auf der Grundlage der Ausgabe von: Werner Hatt, Stefan Kobr,
Ursula Kobr, Birgit Krautloher, Bettina Lammert-Fritzmann und Beatrix Pütz

Redaktion: Penny Paulus
Illustration: Eve Jacob, Baden-Baden: alle Illustrationen (z. T. nach Illustrationen von Mathias Hütter), mit
Ausnahme der nachfolgend genannten; Christian Bartz, Berlin: Eule "Eulalia" (nach Entwürfen von Dorothee
Mahnkopf); Mathias Hütter, Schwäbisch Gmünd: S. 2/o., 7 (Blumen), 8, 10/o., 15 (Türme), 20 (alles außer
Kind in der Mitte), 28/u., 29, 30 und 31 (alles außer Eule), 38 (alles außer Wollknäueln), 41/o., 43 (Türme),
50 (alles außer Sternen, Gläsern, Blättern), 52, 54; Manuela Ostadal, München: Fingerbilder S. 4, 10/u.,
21/o., 39/o.
Grafik: Detlef Seidensticker, München (S. 7/u., 56, 60, 63 (Muster), 66, 70, 71/o.)
Umschlaggestaltung: Corinna Babylon, Berlin
Umschlagillustration: Eve Jacob, Baden-Baden; Christian Bartz, Berlin (Eule)
Layout: Heike Börner, Berlin
Technische Umsetzung: PER MEDIEN & MARKETING GmbH, Braunschweig

www.cornelsen.de

1. Auflage, 2. Druck 2026

Alle Drucke dieser Auflage sind inhaltlich unverändert und
können im Unterricht nebeneinander verwendet werden.

© 2025 Cornelsen Verlag GmbH, Mecklenburgische Str. 53, 14197 Berlin, E-Mail: service@cornelsen.de

Druck: H. Heenemann, Berlin

ISBN 978-3-464-81523-6

PEFC-zertifiziert
Dieses Produkt
stammt aus
nachhaltig
bewirtschafteten
Wäldern

PEFC
PEFC/04-31-1156   www.pefc.de